Quisquilien zu Thomas Mann

Wulf Rehder

Quisquilien zu Thomas Mann

Glossen und Gedankenkrümel

www.tredition.de

© 2017   Wulf Rehder
Kontakt: wulfrehder@gmail.com
Titelbild: Thomas Mann 1955
Bild Copyright: © S. Fischer Verlag GmbH
                     (Mit freundlicher Genehmigung)

Verlag: tredition GmbH, Hamburg

ISBN Taschenbuch: 978-3-7345-9171-6
ISBN Hardcover: 978-3-7345-9172-3
ISBN e-Book: 978-3-7345-9173-0

Printed in Germany

Für Carol

Inhalt

7   Erben

Quisquilien?

Thomas Mann hat das Wort selbst mehrmals gebraucht: Quisquilien. Er hat diese lateinische Vokabel zur Bezeichnung geringfügiger Nebensachen passenderweise dem promovierten Philologen Serenus Zeitblom in die Feder diktiert, der sich beim Leser dafür entschuldigt, in den Erinnerungen an seinen Freund Adrian Leverkühn, den Doktor Faustus, so viele „Quisquilien und Krümel-Abfälle" aufgenommen zu haben. Diese Einzelheiten seien „nicht buchgerecht," fährt Zeitblom fort, „sie mögen in den Augen des Lesers etwas Läppisches haben." In dieser ironischen Tiefstapelei versteckt ist jedoch Thomas Manns Überzeugung, dass – ganz im Gegenteil – der Künstler erst durch die Komposition all der vermeintlichen Nichtigkeiten das Gesamtwerk hervorbringt. So wie Gustav von Aschenbach, alias Thomas Mann, seine berühmten Bücher „in kleinen Tagewerken aus aberhundert Einzelinspirationen zur Größe emporgeschichtet" hat.

In diesem Buch erwartet den Leser ein Mosaik von Quisquilien verschiedenster Art: Reflexionen zu Passagen und Figuren aus Thomas Manns Werk, Nachrichten aus seinem Leben, Diskussionen versteckter Zitate, essayistische Kommentare zu einschlägigen Themen wie dem „kleinen Humor", und Glossen zu den *Betrachtungen eines Unpolitischen*. Die Quisquilien bürsten Altgewohntes gegen den Strich. Das Ergebnis? Zwar nicht völlig buchgerecht, aber hoffentlich auch nicht läppisch, sondern – mit etwas Wohlwollen auf Seiten des Lesers – ein bisschen unterhaltsam. Vielleicht findet sich sogar, trotz ihrer Petitesse, hier und dort eine bisher unbekannte Kleinigkeit.

Wer also sind die geeigneten, die idealen Leser der Quisquilien? Schüler, die ein oder zwei Werke von Thomas Mann lesen müssen? Lehrer, die damals, als sie noch Zeit zum Lesen hatten, von Thomas Mann begeistert waren und nun von ihren Schülern Gleiches erhoffen? Oder Studierende, die, im dritten Semester bereits lesemüde, sich anregen lassen wollen zu einer Hausarbeit? Für alle drei: Schüler, Lehrer, Studierende, gibt es hier hoffentlich Wissenswertes und Kurzweiliges zu finden. Sogar der kritische Literaturprofessor, der sicherlich ein gescheiteres Buch als dieses geschrieben hätte, soll durch einschlägige Literaturhinweise und gelehrte Gedankenkrümel angelockt werden.

Der Stil der Quisquilien wird an feuilletonistische Kabinettstücke und Streiflichter in Literaturbeilagen erinnern, oder an eine bekannte Melodie, die mit überraschenden Harmonien, oder Dissonanzen, wieder neu aufersteht. Diese Textstücke wollen überzeugen, aber auch zum Widerspruch einladen. Man darf keine Hofberichterstattung erwarten. Stattdessen soll, wie Thomas Mann es selbst einmal ausgedrückt hat, auch die „nachhinkende Kritik" zu Wort kommen.

Die meisten Glossen und Gedankenkrümel sind überarbeitete Beiträge, die ich im Thomas Mann Forum thomasmann.de des S. Fischer Verlags beigetragen habe. Die 150 hier versammelten Quisquilien werden sich zwar nicht „zur Größe" emporschichten, wollen sich aber doch am Ende zu einem reliefartigen Porträt Thomas Manns zusammenfügen.

Ohne den Zuspruch von Roland Spahr, Lektor beim S. Fischer Verlag und unermüdlich treibende Kraft bei der Fertigstellung der *Großen Kommentierten Frankfurter Ausgabe*, hätte die für diese Quisquilien nötige, oft umständliche Detektivarbeit viel weniger Spaß gemacht, und ohne seine freundschaftliche Hilfe wären sie nie über die ersten Krümel-Abfälle hinausgekommen.

1
Leben

Zur Orientierung: Thomas Mann lebte von 1875 bis 1955. Der Roman *Buddenbrooks*, für den er 1929 den Nobelpreis erhielt, wurde bereits 1901 publiziert. 1905 heiratete er Katia Pringsheim, mit der er sechs Kinder hatte. Lebenslang im Bann anarchischer homoerotischer Gefühle, oft genug in Worten ausgedrückt aber nie in der Tat ausgelebt, war er dankbar, dass Katia ihm durch die Ehe eine bürgerliche „Verfassung" gab. Während er sich mit eiserner Disziplin seinem Lebenswerk widmete, war sie für Haus und Kinder verantwortlich und agierte, mit Tochter Erika, als geschäftige Vermittlerin zwischen ihrem Mann und der Welt jenseits des Schreibtisches. 1919 wurde Thomas Mann von der Bonner Universität der Ehrendoktor verliehen, der ihm 1936 aberkannt und 1946 wieder zuerkannt wurde. Seit 1933 im Schweizer Exil, wanderte Thomas Mann 1938 mit Katia und den Kindern nach Amerika aus. Er äußerte sich zu politischen Themen und sprach im britischen Rundfunk zu deutschen Hörern. Seine Zeit im amerikanischen Exil, erst in Princeton, dann in Pacific Palisades nahe Santa Monica in Kalifornien, dauerte bis 1952. Er kehrte nicht nach Deutschland zurück, sondern verbrachte an der Seite Katias seinen Lebensabend in der Schweiz. Dort, in Kilchberg, liegt er begraben.

Liebe, Ehe, Herzenserfahrung

Liebestrottel

Frage: Wo steht: „Wer immer nur geliebt wird, ist ein Trottel."

Antwort: Dies ist ein Zitat aus einem Liebesbrief Thomas Manns an Katia aus dem Jahr 1904, vermutlich Anfang Juni, als Thomas Manns sogenannte Wartezeit begann und Katia sich nicht recht entschließen konnte, seine Werbung anzunehmen. Das volle Zitat lautet: „Wer niemals Zweifel, niemals Befremden, niemals, sit venia verbo, ein wenig Grauen erregt, wer einfach immer nur geliebt wird, ist ein Trottel, eine Lichtgestalt, eine ironische Figur. Ich habe keinen Ehrgeiz in dieser Richtung." (Briefe I, 1899-1936, hg. Erika Mann, S. 43/4). Einiges aus diesen Briefen und vieles andere aus Thomas Manns ehelicher Erfahrung und außerehelicher Phantasie findet sich bekanntlich im Roman *Königliche Hoheit* wieder, in dem Prinz Klaus Heinrich den Autor Thomas spielt und Imma Spoelmann seine junge Frau Katia.

Thomas' Liebe zu Katia zeigte sich im Laufe der Ehe mehr und mehr in Äußerungen der Dankbarkeit, aber auch dann in eigensinniger Art, wie seine Rede zu ihrem siebzigsten Geburtstag zeigt: „Katia Mann zum siebzigsten Geburtstag" in *Essays 1945-1955: Meine Zeit* (hg. Kurzke/Stachorski und in anderen Ausgaben). In der Rede stehen Sätze, die mehr über Thomas Mann, den „Eheherrn", sein von ihr behütetes Leben und seinen von ihr verwalteten Ruhm sagen als über das Geburtstagskind Katia. Zum Beispiel lesen wir: „Wenn irgend ein Nachleben mir, der Essenz meines Seins, meinem Werk beschieden ist, so wird sie mit mir leben, mir zur Seite. So lange Menschen meiner gedenken, wird ihrer gedacht sein."

Katias Liebe und seine Dankbarkeit für ihre Fürsorge stellt Thomas Mann schon 1918 einander gegenüber, wie die Widmung verrät, die er in Katias Exemplar der *Betrachtungen eines Unpolitischen* schrieb. (Zu dieser Zeit war ihr fünftes Kind, Elisabeth, ein halbes Jahr alt. Katia war schwanger mit dem sechsten, Michael, der im April 1919 geboren wurde):

„Wir haben es zusammen getragen, liebes Herz, und wer weiß, wer schwerer daran zu tragen hatte, denn zuletzt hat der immerhin Thätige es leichter, als der nur Duldende. Auch trug ich es nur aus Not und Trotz, Du aber trugst es aus Liebe. Schmeichler sagen Dir wohl, es sei nichts Geringes und Leichtes, meine Gefährtin zu sein. Aber mich schmerzt das Gewissen dabei, und ich weiß wohl, daß dieser Schmerz nur durch immerwährende Dankbarkeit zu beruhigen ist."

Katia

Frage: Gibt es ein Buch über die Ehe von Thomas und Katia Mann?

Antwort: Es gibt kein Buch mit dem Titel *Thomas und Katia Mann – Alles über ihre Ehe*. Aber wer neugierig ist, findet genug in den folgenden Quellen:

1. Thomas Manns Aufsatz „Über die Ehe". Der offizielle Titel lautet „Die Ehe im Übergang. Brief an den Grafen Hermann Keyserling." In *Essays II* der *Großen Kommentierten Frankfurter Ausgabe*.

Einerseits gilt für Thomas Mann, pragmatisch und nach Kant (der ein lebenslanger Junggeselle war und „viel lieber frei" blieb): „Nach Kant wäre die Ehe dazu da, den Geschlechtsverkehr zu ermöglichen, und es gibt ja Fälle, wo dies zutrifft, wo die Leidenschaft für eine Frau, welche anders nicht zu haben ist, den Mann, der eigentlich viel lieber frei bliebe, bestimmt, sie zu heiraten."

Oder ist die Ehe doch mehr? Er schreibt: „Die Ehe ist »gründende Liebe«, das heißt: die geschlechtliche Verbindung wird zur sakramentalen Grundlage einer dauernden, sie überlebenden Lebens- und Schicksalsgemeinschaft."

Oder doch nicht? Vielleicht ist doch das „Geschlechtliche" fundamentaler als die Ehe: „Die geschlechtliche Gemeinschaft, zu der die Ehe führt und die ihre sakramentale Grundlage bildet, ist etwas wesentlich anderes, Vergeistigungsfähigeres als jene, zu deren Erlangung man nicht notwendig zu heiraten brauchte."

2. Hermann Kurzke: *Thomas Mann: Das Leben als Kunstwerk*. Kapitel V, X, XIII. Solide, einfühlsam, anregend, nicht übermäßig psychologisierend.

3. Nicht *sine ira et studio* geschrieben sind die leicht zu findenden Autobiographien der Mann-Kinder und Katia Manns *Meine ungeschriebenen Memoiren*.

Mit genauso kritischem Auge sollten die folgenden vier Bücher aus zweiter Hand gelesen werden, egal, ob schmeichelhaft und bewundernd oder kritisch:

4. Inge und Walter Jens: *Frau Thomas Mann. Das Leben der Katharina Pringsheim.*

5. Manfred Kappeler: *»Wir wurden in ein Landerziehungsheim geschickt« – Klaus Mann und seine Geschwister in Internatsschulen.*

6. Andrea Wüstner: *»Ich war immer verärgert, wenn ich ein Mädchen bekam«: Die Eltern Katia und Thomas Mann.*

7. Marianne Krüll: *Im Netz der Zauberer. Eine andere Geschichte der Familie Mann.*

Ganz ausgezeichnet ist Tilmann Lahmes Buch *Die Manns – Geschichte einer Familie.* Es zeichnet ein intimes Bild der Familie anhand von teilweise erst kürzlich aufgefundenen Briefen, die sich die Familienmitglieder geschrieben haben. Dabei bleibt der Autor Lahme angenehm distanziert und äußert sich, wo es angebracht ist, auch einmal ironisch oder kritisch. Die zugehörigen Briefe, darunter mehr als 100 bisher nicht bekannte, sind im Begleitband *Die Briefe der Manns* herausgegeben worden von Tilmann Lahme, Holger Pils und Kerstin Klein.

Agnes E. Meyer

Katia ehrte und beschützte ihren berühmten Gatten. Im Vergleich zu dieser eher nüchternen ehelichen Pflichtliebe erscheinen die Liebesbezeugungen von Thomas Manns amerikanischer Gönnerin, Agnes E. Meyer, geradezu überschwänglich. Thomas zeigt sich offiziell dankbar ob ihrer Hilfe, ihrer Geschenke, ihrer Bewunderung, war aber privat und in seinen Tagebüchern ablehnend und manchmal sogar grob. Ihre Annäherung an ihn oder sein Werk empfand er oft als aufdringlich.

Frage: In Breloers Film und in dem zugehörigen Buch *Die Manns. Ein Jahrhundertroman* zitiert Thomas Manns Sekretärin Hilde Kahn aus einem Brief, den Agnes E. Meyer an Thomas Mann geschrieben haben soll. Der Inhalt lautet in etwa: „Sie zu lieben, ist ein Solotanz, den nicht jeder hinbekommt..."

Antwort: Häufig, z.B. bei Breloer und in Zeitungsartikeln über den Film, findet man das Zitat in dieser Form: „Sie zu lieben, mein Freund, ist eine hohe Kunst, ein komplizierter Solotanz, den nicht jeder fertig bringt."

In der Ausgabe des Briefwechsels zwischen Thomas Mann und Agnes E. Meyer, 1992 von Hans Rudolf Vaget im S. Fischer Verlag herausgegeben und kommentiert, wird der Ausspruch auf Seite 264 etwas anders zitiert:

„Sie zu lieben, mein Freund, ist eine hohe Kunst, die nicht jeder fertig bringt – ein komplizierter Solo-Tanz – Leben Sie wohl.
Ever Yours – Agnes E. Meyer"

Paul Ehrenberg

Der junge Thomas Mann war mit Paul Ehrenberg „befreundet", doch in seinem Tagebuch nennt er Paul seine „zentrale Herzenserfahrung." Paul war das Modell für die Figur Rudi Schwerdtfeger im *Doktor Faustus*.

Frage: Wer war älter, Paul oder Carl Ehrenberg? Hat Thomas Mann sich in seinem „Lebensabriss" (1930) geirrt? Dort schreibt er:

„Herzlich befreundet war ich zu jener Zeit mit zwei Jungen Leuten, (...) Söhnen eines Dresdener Malers und Akademieprofessors E. Meine Neigung galt dem Jüngeren, Paul, der ebenfalls Maler war, Akademiker damals und Schüler des berühmten Tiermalers Zügel, außerdem vorzüglich Violine spielte, war etwas wie die Auferstehung meiner Empfindungen für jenen zugrunde gegangenen blonden Schulkameraden [Armin Martens] aber dank größerer geistiger Nähe sehr viel glücklicher. Carl [Ehrenberg], der Ältere, Musiker von Beruf und Komponist, ist heute Akademieprofessor in Köln."

Nach dieser Passage ist also Paul der jüngere und Carl der ältere Bruder. Dagegen liest man auf mehreren Webseiten:

Carl Ehrenberg: 1878-1962

Paul Ehrenberg: 1876-1949

Ist also doch Paul der ältere?

Antwort: Thomas Mann hat sich in seinem Lebensabriss von 1930 geirrt. Es gibt keinen Zweifel, dass Carl Ehrenberg im Jahr 1878 geboren wurde. Mehrere Lexika und Archive (zum Beispiel das Deutsche Musikarchiv) geben als Lebensdaten für Carl an: geboren 6. April, 1878, in Dresden, gestorben 26. Februar, 1962, in München. Eine unabhängige Bestätigung ist die Würdigung Carl Ehrenbergs zu seinem 60. Geburtstag von Wilhelm Zentner in der Deutschen Sängerbundeszeitung DSBZ vom 2. April 1938, Seite 192.

Dass Paul der ältere Bruder war und 1876 geboren wurde, liest man in Enzyklopädien (zum Beispiel artnet) und bei Auktionshäusern nach, die seine Pferdebilder anbieten (s. z.B. bei artprice.com). Auch zuverlässige Autoren und Thomas Mann Kenner wie H. R. Vaget in "Confessions and Camouflage" geben als Daten 1876 – 1949 an. (Allerdings hat Hans Wysling in "Letters of Heinrich und Thomas Mann" auf S. 314 die falschen Daten 1878 – 1949, dann aber wieder 1876-1949 in "Quellenkritische Studien zum Werk Thomas Manns.") Die GKFA von *Doktor Faustus* hat ebenfalls 1876-1949. In Peter de Mendelssohns Biographie liest man: „Paul Ehrenberg wurde 1876 geboren, sein Bruder Carl war zwei Jahre jünger als er."

Eine weitere Quelle ist diese: Die Akademie der bildenden Künste, München, hat Paul Ehrenberg unter der Matrikelnummer 01719 registriert mit dem Eintritt im Jahr 1897 und dem Alter 21, was das Geburtsjahr 1876 ergibt.

Zusatz von Dr. Evgueni Berkovitch: Die Recherche in den Urkundenbüchern des Standesamtes Dresden I von 1876 erbrachte unter der Nr. 1165 den gesuchten Eintrag zu Paul Ehrenberg unter dem Tag 08.08.1876. Die Überprüfung im Urkundenbuch vom Standesamt Dresden I von 1878 ergab den als Geburtstag von Emil Theodor Carl Ehrenberg den 06.04.1878.

Seitdem finden wir auf den Webseiten und Biographien meist die korrekten Lebensdaten:

Paul Ehrenberg: 8.8.1876-14.10. 1949

Carl Ehrenberg: 6.4.1878-26.2. 1962

Möbel

Das Pölchen

Frage: „Eine Art Pölchen" - was ist das?

In einem Brief an Peter Pringsheim vom 06.11.1917 beschreibt Thomas Mann einen Teil der Einrichtung des Hauses in der Poschingerstraße: „[U]nser Haus inwendig kompletiert. Die obere Diele ist mit den Tölzer Eßzimmer-Möbeln eingerichtet und das als Fremdenzimmer Gedachte im II. Stock wollen wir mit Katjas Ahorn-Sachen zu einer Art Pölchen gestalten."

Antwort: Hier erlaubt sich Thomas Mann einen privaten Sprachscherz mit dem Namen Na-pol-eon. Die Nachsilbe –chen wird ja oft zur Verkleinerung oder bei Kosenamen gebraucht: Lottchen ist die kleine Lieselotte. Und beim langen o tritt dann oft der Umlaut ö auf: der kleine Mond ist das Möndchen und der kleine Sohn das Söhnchen. Wenn man die erste Silbe Na- und die letzten drei Buchstaben –eon auslässt, dann meint also Pölchen den „kleinen Napoleon". Einem (kleinen) Zimmer einen Personennamen wie Pölchen zu geben, ist vielleicht nicht sonderbarer als einen barocken Prunkstuhl aus dem 17. Jahrhundert einen „Louis XIV" zu nennen.

Ebenso die Erklärung von Peter de Mendelssohn im zweiten Band seiner Biographie *Der Zauberer*, S. Fischer, 1996, Seite 1808. Dort heißt es lapidar: „Die ,Ahorn-Sachen' waren die Möbel des

Tölzer Salons; ‚Pölchen' hingegen bedeutete Frau Hedwig Prings-
heims ‚Napoleon' und bezog sich auf ihren Privatsalon in der Ar-
cis-Straße".

Vom Pölchen ein Ausflug zu Kosenamen: Eine weitere ge-
bräuchliche Form der Verkleinerung ist bekanntlich –lein, wie in
Kindlein oder beim Kosenamen Mielein, wie Katia Mann im Fami-
lienkreis und in Briefen oft hieß. Vor allem bei Klaus, der Eissi oder
Aissi genannt wurde. Thomas war Pielein, meist aber der Zauberer oder einfach Z. Erika (Eri oder Erikind) war besonders begabt
dafür, kuriose Spitznamen auszuteilen, zum Beispiel „Kuzimuzi"
für Bruno und Elsa Walter, s. „Erika Mann – Einblicke in ihr
Leben", Dissertation von Anja Maria Dohrmann.

Der Herr und sein Hund

Außer den Eltern und den Kindern der Manns gehörten fast immer mehrere Hausangestellte, ein Auto und ein Hund zur Familie.
Bauschan aus der Novelle „Herr und Hund" ist der bekannteste.

Bauschan und seine Freunde

Frage: Wie sah Bauschan aus?

Die Erstausgabe von „Herr und Hund", München 1919, zeigt
auf dem Titelblatt einen eleganten Scherenschnitt vom „Hund" von
Emil Preetorius. H.-P. Haack zeigt davon eine Abbildung auf seiner ausgezeichneten Wikiversity Seite.

Es gibt Bauschan auch als Statue (mit seinem Herrn) am Tegern-
see, zu bewundern bei Google Bilder. Walter Kempowski, der 2005
den Thomas-Mann-Preis erhielt, hatte seinen Collie-Rüden ebenfalls Bauschan getauft.

Ein Hundekollege Bauschans ist Perceval aus *Königliche Hoheit*,
den Thomas Mann wie folgt einführt: „Den Hund angehend, der
Perceval hieß (was englisch auszusprechen war) und meistens Per-
cy gerufen wurde, so war dieses Tier von einer Erregbarkeit, einer
Leidenschaft des Wesens, die jeder Beschreibung spottet ..." Perce-

val ist eine der von Robert Gernhardt gezeichneten 24 Randfiguren in seiner Ausstellung „Das Randfigurenkabinett des Doktor Thomas Mann" im Buddenbrookhaus (2005). Zwölf dieser Zeichnungen sind abgebildet im gleichnamigen Buch (mit Barbara Hoffmeister) im S. Fischer Verlag. Die Randfiguren sind:

Huij und Tuij (*Joseph in Ägypten*); Bendix Grünlich, Sesemi Weichbrodt (*Buddenbrooks*); Lobgott Piepsam („Der Weg zum Friedhof"); Tobias Mindernickel; Rose Cuzzle (*Lotte in Weimar*); Dr. Christian Jacobi alias „Luischen"; Dr. Edhin Krokowski, Ellen Brand (*Zauberberg*); Detlef Spinell, Baby Klöterjahn („Tristan"); Lord Kilmarnock, Felix Schimmelpreester (*Felix Krull*); Sextus Anicius Probus (*Der Erwählte*); Greiser Geck („Tod in Venedig"); Perceval (*Königliche Hoheit*); Hieronymus („Gladius Dei"); Saul Fitelberg, Der Teufel, Ines Institoris (*Doktor Faustus*); Anna von Tümmler („Die Betrogene"); Ein Jäger („Herr und Hund"); Ein Reisender („Tonio Kröger"); Die Kinder von Torre di Venere („Mario und der Zauberer").

Ehrendoktor

Verleihung – wofür?

Frage: Thomas Mann hat 1919 von der Universität Bonn den Ehrendoktor erhalten. Wofür hat er diesen Ehrentitel bekommen?

Antwort: Nach Meinung aller Experten ist die Originalurkunde von Thomas Manns Ehrenpromotion verloren gegangen. Aber es existiert ein „amtliches Belegexemplar" der Promotionsurkunde, deren Wortlaut mit dem der Originalurkunde übereinstimmen dürfte. Dieses Belegexemplar ist Teil eines vor ein paar Jahren gefundenen Bündels von Dokumenten, die erstmals vom 5. Februar bis 31. März 2006 in einer Sonderausstellung des Buddenbrookhauses in Lübeck gezeigt wurden. Die Urkunde ist nach Worten der Archivleiterin Britta Dittmann im Besitz des Buddenbrookhauses. Ein Scan des Dokuments, den sie mir freundlicherweise zugeschickt hat, hat folgenden Text:

DIE PHILOSOPHISCHE FAKULTÄT

DER RHEINISCHEN

FRIEDRICH-WILHELMS-UNIVERSITÄT ZU BONN

Verleiht

THOMAS MANN IN MÜNCHEN

dem Dichter von großen Gaben der in strenger Selbstzucht und
beseelt von einem starken Verantwortungsgefühl aus innerstem
Erleben das Bild unserer Zeit für Mit- und Nachwelt
zum Kunstwerk gestaltet die Würde und die Rechte
eines Ehrendoktors der Philosophie gegeben am Tage der
Jahrhundertfeier der Universität
den 3. August 1919
unter dem Rektorat des Professors der Rechte Dr. Ernst Zitelmann
unter dem Dekanat des Professors der Botanik Dr. Johannes Fitting

In der Laudatio wird Thomas Mann überdies als „Dichter und
Schriftsteller" bezeichnet, „der vor allem in seinem Roman *Budden-
brooks* ein Werk geschaffen hat, das nach seinem kulturgeschichtli-
chen Gehalt wie nach seiner dichterischen Form in Anschauung,
Aufbau und Sprache von den besten Kräften deutscher Art und
Kunst [...] den kommenden Geschlechtern Kunde gibt."

Aberkennung – warum?

Am 2. Dezember 1936 wird Thomas Mann, der inzwischen zu
Weltruhm gelangt und in die Schweiz emigrierten war, die deutsche Staatsbürgerschaft aberkannt. Als Konsequenz dieser Ausbürgerung teilt am 19.12.1936 Karl Justus Obenauer, Dekan der
Philosophischen Fakultät, dem Nobelpreisträger schriftlich mit,
dass ihm die 1919 verliehene Ehrendoktorwürde wieder aberkannt
sei. Das kurze Schreiben lautet wie folgt:

„Im Einverständnis mit dem Herrn Rektor der Universität Bonn
muß ich Ihnen mitteilen, daß die Philosophische Fakultät sich nach
Ihrer Ausbürgerung genötigt gesehen hat, Sie aus der Liste der Eh-

rendoktoren zu streichen. Ihr Recht, diesen Titel zu führen, ist gemäß § VIII unserer Promotionsordnung erloschen."

Obenauer war ein Leipziger SS-Mann, der für den abgesetzten Dekan Friedrich Örtel 1936 das Dekanat übernommen hatte.

Am Neujahrstag 1937 antwortete ihm Thomas Mann: „Die schwere Mitschuld an allem gegenwärtigen Unglück, welche die deutschen Universitäten auf sich geladen haben, haben mir die Freude an der mir einst verliehenen akademischen Würde längst verleidet und mich gehindert, noch irgendwelchen Gebrauch davon zu machen." Im übrigen führe er weiterhin den Ehrentitel eines Doktors der Philosophie, den ihm die Harvard-Universität verliehen habe, nämlich dafür, dass er „zusammen mit ganz wenigen Zeitgenossen die hohe Würde der deutschen Kultur bewahrt habe".

Danach folgen diese oft zitierten Sätze:

„Ich habe es mir nicht träumen lassen, es ist mir nicht an der Wiege gesungen worden, daß ich meine höheren Tage als Emigrant, zu Hause enteignet und verfemt, in tief notwendigem politischen Protest verbringen würde. Seit ich ins geistige Leben eintrat, habe ich mich in glücklichem Einvernehmen mit seelischen Anlagen meiner Nation, in ihren geistigen Traditionen sicher geborgen gefühlt. Ich bin weit eher zum Repräsentanten geboren als zum Märtyrer, weit eher dazu, ein wenig höhere Heiterkeit in die Welt zu tragen, als den Kampf, den Haß zu nähren. Höchst Falsches mußte geschehen, damit sich mein Leben so falsch, so unnatürlich gestaltete. Der einfache Gedanke daran, wer die Menschen sind, denen die erbärmlich-äußerliche Zufallsmacht gegeben ist, mir mein Deutschtum abzusprechen, reicht hin, diesen Akt in seiner ganzen Lächerlichkeit erscheinen zu lassen ... Deutschland soll ich beschimpft haben, indem ich mich gegen sie bekannte! Sie haben die unglaubwürdige Kühnheit, sich mit Deutschland zu verwechseln!"

Wiederverleihung – wie?

Damit ist die Geschichte aber noch nicht beendet. Thomas Mann erhielt seinen Titel zurück. Brigitte Linden vom Bonner General-Anzeiger schreibt dazu:

„Gleich nach Kriegsende 1945 erklärte die Philosophische Fakultät der Universität Bonn die Aberkennung des Ehrendoktors von Thomas Mann für *null und nichtig*. Es dauerte freilich noch über ein Jahr, bis man es wagte, dem Schriftsteller, der in Pacific Palisades in Kalifornien residierte, den Titel wieder anzutragen. Der inzwischen wieder eingesetzte Dekan Örtel bediente sich schließlich der Vermittlung durch den jüdischen Historiker Wilhelm Levison - mit Erfolg: „Ich bin nicht der Mann, ein solches Anerbieten mit der Miene der Unversöhnlichkeit zurückzuweisen," schreibt Thomas Mann. Mit Briefen des Rektors, Professor Heinrich Konen, des Dekans und des University Control Officers wurde ihm Weihnachten 1946 die neue Doktor-Urkunde übersandt, für die er sich sogleich »herzlich und feierlich« bedankt."

Der hier erwähnte Aufschub von einem Jahr ist nicht auf ein Zögern Thomas Manns zurückzuführen, sondern auf die Unsicherheit der Philosophischen Fakultät, ob Thomas Mann den Titel wieder annehmen würde. Eine Ablehnung hätte die Universität düpiert. Andererseits wollte von seiner Warte aus Thomas Mann sicherstellen, dass nicht die Besatzungsmächte die Wiederverleihung befohlen hatten, sondern dass die Professoren und Studenten „einhellig" für die Wiederverleihung votierten. Die Professoren waren sich schnell einig. Wie die taz Köln am 17.1.2002 rückblickend schrieb:

„Schwierigkeiten aber gab es mit den Studenten. Der Allgemeine Studenten Ausschuss (AStA) konnte sich nicht zu einem eindeutigen positiven Votum durchringen. Am 15. November 1946 schließlich gab er eine lauwarme Erklärung ab: „Da wir überzeugt sind, dass Herrn Th. Mann die Verleihung der Dr.-Würde rechtmäßig erhalten hat, und uns der Grund der Aberkennung dieser verliehenen Würde nicht genügend bekannt ist, stehen wir einer Herbeiführung des alten Rechtszustandes nicht im Wege." Das war zwar nicht gerade die von Mann gewünschte einhellige Haltung zu seiner Wiedereinsetzung als Bonner Ehrendoktor, aber er gab sich damit zufrieden."

Exil

Zeitplan

Eineinhalb Jahre nach der Entziehung der Doktorwürde wurde am 5. Mai 1938 offiziell die Einwanderung Thomas Manns in die USA vollzogen, und zwar über den Umweg nach Kanada, mit Hilfe seiner Gönnerin Agnes E. Meyer.

Dieser entscheidende Schritt Thomas Manns geschah erst nach langem Zögern und auf Drängen seiner Kinder, vor allem Erikas, die bei Nichthandeln sogar mit Liebesentzug drohte. Viele Ereignisse liegen zwischen Hitlers Aufstieg und Thomas Manns Ankunft in New York. Hier ist eine Liste der wichtigsten Daten:

30. Januar, 1933: Hitler wird Reichskanzler;

11. Februar, 1933: Thomas Mann Vortragsreise nach Holland – faktisch der Beginn des Exils – siehe auch Brief Thomas Manns an das Reichsministerium des Innern, vom April 1934;

27. September, 1934: Thomas Mann bezieht Haus in Küssnacht in der Schweiz;

19. November, 1936: Thomas Mann erhält tschechische Staatsbürgerschaft;

2. Dezember, 1936: Thomas Mann verliert deutsche Staatsbürgerschaft;

11. März, 1938: Einmarsch deutscher Truppen in Österreich;

15. Februar bis 6. Juli, 1938: Besuch Thomas Manns in den USA;

5. Mai, 1938: Einwanderung in die USA via Kanada;

7. Juli, 1938: Thomas Mann zurück in Küssnacht;

17. September 1938: Einschiffung nach USA in Boulogne;

24. September, 1938: Ankunft in New York;

28. September, 1938: Einzug in das Gästehaus (The Mitford House) in Princeton;

1. Oktober, 1938: Einmarsch deutscher Truppen in die Tschechoslowakei;

1. September, 1939: Einmarsch in Polen;

17. März, 1941: Auflösung des Haushalts in Princeton;

8. April, 1941: Wohnung in Pacific Palisades, Kalifornien;

7. Dezember, 1941: Japanischer Angriff auf Pearl Harbour;

8. Dezember, 1941: Amerikanische Kriegserklärung an Japan;

11. Dezember, 1941: Kriegserklärung Deutschlands und Italiens an die USA.

Diese Daten werden hier zitiert nach dem Band *Dichter über ihre Dichtungen*, Teil II, Hrsg. Hans Wysling, Marianne Fischer. Siehe auch Hans R. Vaget: *Thomas Mann, der Amerikaner*. S. Fischer Verlag, Mai 2011.

Quellen und Kommentare

zum Thema „Thomas Mann und sein Exil" sind unter anderem:

1. Zur persönliche Geschichte s. Kurzkes Biographie *Thomas Mann – Das Leben als Kunstwerk*, Kapitel XIV bis XVII, und ein Teil von Kapitel VXX, dort e.g., „Warum ich nicht nach Deutschland zurückgehe."

2. Der *Thomas-Mann-Studien* Band 41 (2010) hat den Titel *Thomas Mann und das ,Herzasthma des Exils'*.

3. Über seine Rückkehr, mit Rückblick, siehe die Seiten 466 bis 486 in Thomas Manns Aufsatz „Über mich selbst".

4. Mit Fokus auf die Schweiz, s. den Artikel „Thomas Mann und die Schweiz" von Thomas Sprecher, im *Thomas Mann Handbuch* (2005) und sein Buch über Thomas Manns Exil in der Schweiz 1933-1938: *Thomas Mann in Zürich*. Für einen indirekten Standpunkt, das Exil gesehen durch die Linse von Journalisten, Kritikern usw., siehe „Im Schweizer Exil" in Klaus Schröters Sammlung *Thomas Mann im Urteil seiner Zeit*.

5. Über Thomas Manns politische Essayistik, siehe den Artikel von Hermann Kurzke im *Thomas Mann Handbuch* (2005)

Politik

Links oder rechts?

Frage: Thomas Manns politischer Standort: Stand er *links* oder *rechts*?

Darüber haben sich die Gelehrten gestritten. Die Antwort, wenn man denn eine einsilbige geben will, hängt vor allen Dingen von der Zeit ab: Der Thomas Mann der *Betrachtungen eines Unpolitischen* stand woanders als Thomas Mann in Santa Monica oder der Thomas Mann, der 1949 nach Frankfurt *und* Weimar reiste. Ungleich reizvoller, als einem toten Autor ein Etikett „rechts" oder „links" aufzukleben, ist es, von „oben" nach „unten", von der Oberfläche der Wörter in die darunterliegenden Schichten hinabzusteigen, wo sich der Schreibwitz und manchmal auch die Politik verbergen.

Beispielsweise tritt in den *Buddenbrooks* Morten Schwarzkopf als radikaler Burschenschaftler auf, der alle Adligen für Idioten hält. Aber wenn er sich „links" ereifert, lässt der Autor ihn aus Scham erröten und zeigt uns damit, dass Mortens Radikalität künstlich ist, aber auch, dass er ehrlich ist (im Gegensatz zu Grünlich, dem es trotz Liebesschwafelei nur um die Mitgift geht). Gegen die Kapitalisten mit ihrem Wucherprofit spricht sich ausgerechnet der Dilettant Christian Buddenbrook aus, dem der Leser zustimmen mag, ohne ihn als „Linken" ganz ernst zu nehmen. Doch dann sinnt der

„rechte" Thomas Buddenbrook seinerseits ernsthaft über Christians „linke" Einschätzung nach, die ja auch auf ihn zutreffen könnte.

Thomas Mann hat sich selten in eine ideologische Ecke drängen lassen. Zwar sagt er später (1952), der Faschismus habe ihn „auf die linke Seite der Gesellschaftsphilosophie getrieben"; aber „den Kommunisten abzugeben, bin ich sehr schlecht ausgestattet". Vor 1914 war er „weder Monarchist noch Republikaner", sondern „unpolitisch." In den *Betrachtungen eines Unpolitischen* stellt er sich als konservativen „Ironiker" dem „Radikalisten" (wie seinem Bruder Heinrich) gegenüber. Dass viele politische Äußerungen Thomas Manns ambivalent sind, hat Hans Mayer in seinem Aufsatz „Thomas Mann. Zur politischen Entwicklung eines Unpolitischen" erörtert.

Biographien

Frage: Für eine Arbeit über den Einfluss von Thomas Manns Leben auf sein Werk benötige ich möglichst viel (auto-) biographisches Material. Ich habe Kurzkes Biographie gelesen, auch Thomas Manns autobiographische Skizzen (z. B. „On myself"), würde aber gerne etwas tiefer schürfen und wäre für Literaturhinweise dankbar.

Antwort: In den folgenden Beiträgen möchte ich eine unsystematische und natürlich auch unvollständige Liste von Thomas-Mann-Biographien vorschlagen, von denen die eine oder die andere den Leser vielleicht zum Einstieg in die Lektüre von Thomas Manns Werken verführen kann. In einigen dieser Bücher, zum Beispiel in der Biographie von Hermann Kurzke, gibt es ausdrückliche Hinweise, wie Thomas Manns Leben sich in seinem Werk widerspiegelt.

Zwei Unvollendete

1. Arthur Eloesser: *Thomas Mann – Sein Leben und sein Werk*, S. Fischer, 1925. Neu verlegt bei SEVERUS Verlag, 2011.

Diese frühe Biographie zu Lebzeiten gelangte nur bis zum Zauberberg. Eloesser lebte von 1870 bis 1938. Er war Journalist bei der Vossischen Zeitung und der Weltbühne. Thomas Mann hat dieses Buch gelesen. Eloesser kommt mehrfach bei de Mendelssohn vor, siehe den Index im 3. Band von Peter de Mendelssohns *Der Zauberer*.

2. Peter de Mendelssohn: *Der Zauberer. Das Leben des deutschen Schriftstellers Thomas Mann*, in 3 Bänden, S. Fischer 1975. Neu herausgegeben und überarbeitet 1996.

In diesem ehrgeizig konzipierten Werk Mendelssohns sind unvollständig geblieben: Band 1: 1875 – 1905. Band 2: 1905 – 1918. Band 3: 1919 und 1933. Obwohl die meisten Rezensenten bemängelt haben, dass diese Biographie allzu bewundernd und detailliert sei, dabei noch altväterlich geschrieben und ohne übergreifendes Konzept, diente es doch vielen nachfolgenden Biographen, vor allem den englischsprachigen, als Quelle für amüsante Anekdoten und Privatissima aus der Familie Mann. Die Tagebücher, deren Herausgabe Mendelssohn 1975 begann, wurden in seiner Biographie noch nicht ausgewertet.

Kunstwerk und Passion

3. Hermann Kurzke, *Thomas Mann: Das Leben als Kunstwerk*, geb. Ausgabe C.H. Beck 1999; 4. Aufl. Fischer 2005.

Thomas Manns Ziel war es, ein „in sich geschlossenes Lebenskunstwerk" zu erschaffen, wie er 1951 in einem Brief an Eberhard Hilscher schrieb. Kurzke macht daraus den Untertitel „Das Leben als Kunstwerk" und folgt einer biographischen Lesart seiner Werke. In der Danksagung am Schluss des Buches räumt er ein: „Dass es verboten sei, Fiktionen als biographische Tatsachen zu nehmen, lernt man im germanistischen Proseminar. Es geschieht trotzdem in diesem Buch, das das dichterische Werk als die am reichsten sprudelnde biographische Quelle betrachtet, und hofft auf Plausibilität. Wo diese sich nicht einstellt, geben die detaillierten Quellenangaben dem misstrauischen Leser die Möglichkeit, den eingeschlagenen Weg zu überprüfen." Das Ergebnis ist spannend und unterhaltsam, mit behutsam eingestreuter Kritik (z.B. wie Thomas Mann seine Öffentlichkeit manipulierte und nur in den Tagebüchern die Wahrheit sagte). Die Werkanalysen sind gekonnt und prägnant (de Mendelssohn hatte sich auf „Werkberichte" beschränkt).

4. Edo Reents: *Biografische Passionen: Thomas Mann*, Claassen 2001.

Edo Reents war Redakteur bei der SZ, ist nun Leiter des Feuilletons der FAZ. Die Webseite literaturkritik.de hat eine Rezension dieser Biographie von Julia Schöll, die eine Dissertation über Exil und Identität geschrieben hat: „Joseph im Exil: Zur Identitätskonstruktion in Thomas Manns Exil-Tagebüchern und –Briefen sowie im Roman Joseph und seine Brüder".

Gelehrter und Professor

5. Martin Meyer: *Tagebuch und spätes Leid*, Hanser 1999.

Aus den Tagebüchern ein wahreres Porträt destillieren – das ist die Idee dieses buchlangen Essays. Leider führt der Autor seine Gelehrtheit in gewundenen, mit prätentiösen Vokabeln gespickten Sätzen vor, die sich wie ein Nebel über seine oft scharfsinnigen Einsichten legen. In der Reents-Rezension (s.o.) schreibt Julia Schöll: „Reents Kollege Martin Meyer von der NZZ hat vor kurzem in seinem Buch über Thomas Manns Tagebücher die Behauptung aufgestellt (...), Thomas Mann hätte leicht ein Mitspieler im faschistischen System werden können, wenn die Nazis ihn nur ausreichend hofiert hätten." Siehe auch Thomas Wirtz' metaphernreiche Rezension in der FAZ: „Hier heben die Widrigkeiten des Alltags - der böige Wind und die erotische Flaute - zum vielstrophigen Klagegesang an, hier zeichnet sich der Meister der großen Form als Leidender am Detail. Der Maßanzug des Werks entsteht unter den Nadelstichen des Alltags."

6. Hans Mayer: *Thomas Mann. Essays, Interpretationen. Erinnerungen*, Suhrkamp 1980.

Dieser oft zitierte Band ist keine Biographie, enthält aber „Erinnerungen" von Professor Hans Mayer, der Thomas Mann noch persönlich begegnet ist. Das Buch beginnt mit der Schiller Rede 1955 in Weimar, bei der Hans Mayer, Ernst Bloch und Georg Lukács im Parkett saßen und zuhörten. Lesenswert sind auch der Essay „Zur politischen Entwicklung eines Unpolitischen" und am Ende des Buches eine Kurzdarstellung der Tagebücher. Hans Mayers Rolle bei der Thomas Mann Ausgabe des Aufbau Verlages in der damaliger DDR wird bei Harpprecht (s.u. Nummer 7.) beschrieben.

Das schwierige Kind

7. Klaus Harpprecht: *Thomas Mann: Eine Biographie*. Rowohlt 1995. (2253 Seiten!)

Dieses prachtvolle Buchmassiv eines souveränen Journalisten ist für mich die beste, weil lebendigste *Lebensbeschreibung* des Menschen Thomas Mann. Es ist *keine Werk-Biographie*, wie Harpprecht selbst einräumt; über Thomas Manns Werke haben Wysling, Vaget, Kurzke und andere Wichtigeres geschrieben. Stattdessen werden wir in vielen Lesestunden Zeugen einer Auseinandersetzung von Harpprechts weltgewandter, politischer Intelligenz mit den Worten und Taten, dem Leben und Denken des weltabgewandten Thomas Mann, der trotz vieler Reisen die Welt vor allem in sich selbst erlebt hat und der lebenslang, trotz einer Unmenge „politischer" Äußerungen, ein Unpolitischer blieb. Manchmal scheint es, als spreche hier ein verständiger Erwachsener über ein hochbegabtes, aber sehr schwieriges und verwöhntes Kind. In seiner Besprechung in der FAZ bemängelt Eckart Heftrich die „Egozentrik des Biographen" und wünscht sich, dass als Ausgleich zur Erwähnung von Manns Taktlosigkeit, Eitelkeit und Gefühlslosigkeit gerechterweise auch solche Stellen hätten zitiert werden müssen, die den „menschenfreundlichen Mann" zeigen. Glücklicherweise war Harpprecht kein Apologet; und wenn man im Tagebuch und in den Briefen liest, wie verächtlich und rüde Thomas Mann sich etwa über seine großzügige Gönnerin Agnes Meyer geäußert hat (von der er sich gleichzeitig immer mehr Geld erbettelte und Geschenke erwartete), dann trägt es kaum zur „Gerechtigkeit" bei zu erwähnen, dass er sich auch stets artig für das Geld bedankt hat.

Fair scheint mir auch Harpprechts Gesamturteil: in seinem langen Leben sei Thomas Mann „die äußerste Annäherung ans Geniale geglückt, die sich seiner Natur abzwingen ließ."

Opulent vs. Nüchtern

8. Hans Wysling & Yvonne Schmidlin (Hrsg): *Thomas Mann – Ein Leben in Bildern*, Artemis & Winkler, 1994.

Diese eindrucksvolle Bildbiographie hat fast 500 Seiten und etwa 700 Photographien, dazu Erläuterungen aus den Briefen Thomas Manns, seinen Werken und Zeugnissen der Zeitgenossen. Hans Wyslings bündige Einleitung „Das Leben als Werk – das Werk als Leben" nimmt im wesentlichen den Untertitel „Das Leben als Kunstwerk" von Hermann Kurzkes Biographie vorweg. Es ist wohl richtig, was der Klappentext dieses opulenten Bildbandes sagt: „Irgendwann hat der Leser den Wunsch, das Gesicht des Autors zu sehen, seine Schrift, seinen Schreibtisch, das Haus, in dem er wohnt, seine Stadt. (...). Es war der Ehrgeiz der Herausgeber, im Raster der Lebensepochen nicht nur Bekanntes festzuhalten, sondern auch Unbekanntes und kaum Bekanntes: Porträts, Familienbilder; Figuren und Stätten, die im Werk eine Rolle spielen. Hans Hansen, Tadzio, Pribislav Hippe ... Wer waren denn »eigentlich« diese von ferne Geliebten? Oder Imma Spoelmann, Clawdia Chauchat, Mme Houpflé – was hat es mit ihnen auf sich?"

Im nüchternen Gegensatz zu diesem luxuriösen Bildband stehen die folgenden beiden Nachschlagewerke, die auf ihre eigene sparsame Art Thomas Manns Leben beschreiben:

9. Heinz J. Armbrust & Gert Heine: *Wer ist wer im Leben von Thomas Mann?* Klostermann 2008.

10. Gert Heine & Paul Schommer: *Thomas Mann Chronik*, Klostermann 2004.

Auf Englisch

11. Richard Winston: *Thomas Mann. The Making of an Artist. 1875 – 1911*, Knopf 1981. Ins Deutsche übersetzt und 1987 bei Ullstein erschienen als *Der junge Thomas Mann: Das Werden eines Künstlers, 1875 – 1911*.

Richard und Clara Winston haben viele Briefe Thomas Manns ins Englische übersetzt und veröffentlicht.

12. Donald A. Prater: *Thomas Mann - Deutscher und Weltbürger*. Hanser 1995. Ziemlich gradliniger Lebenslauf. Verlässt sich viel auf de Mendelssohn und andere. Detailliert und etwas langweilig.

13. Ronald Hayman: *Thomas Mann: A Biography*. Bloomsbury 1997. Hier und da erfolglos psychologisierend.

14. Anthony Heilbut: *Thomas Mann: Eros and Literature*. University of California Press 1997.

Heilbuts ungewöhnliche Biographie gelangt leider nur bis zum *Zauberberg*. Die Jahre danach werden schnell zusammengefasst. Trotzdem: Dieses Buch ist sehr einfühlsam und verständnisvoll, wenngleich kontrovers für einige Leser wegen seines Fokus auf den Eros und die Homosexualität als Explikation für Werk und Leben. Es handelt sich hier eher um einen langen, brillant geschriebenen Essay als um eine Biographie. Von den drei englischen Biographien ist dies die bei weitem anregendste, mit viel (Sprach-) Witz und klarem Verstand geschrieben. Sie wurde leider nie ins Deutsche übersetzt. In Amerika bekam Heilbut ausgesprochen positive Reviews. Siehe z.B. "Mann in Love" in Alex Ross' bekanntem Blog "The Rest is Noise".

Kleinere biographische Arbeiten (auch die weitere Familie Mann betreffend)

15. Franz Leppmann: *Thomas Mann*, Berlin 1916.

Diese frühe Teilbiographie wurde abgeschlossen, als Thomas Mann erst 40 Jahre alt war und mit den *Buddenbrooks* und dem *Tod in Venedig* die beiden Werke geschaffen hatte, die denn auch in dieser Biographie im Mittelpunkt stehen. Am Ende bekennt sich Leppmann euphorisch, wie es dem Zeitgeist entsprach, zum Krieg und zu Thomas Manns Essay „Gedanken im Kriege", dessen implizite Gleichung Künstler = Soldat Thomas Mann später eher peinlich war. Es wird oft übersehen (aber nicht von Leppmann), dass diese Gleichung schon im *Tod in Venedig* angelegt ist, wenn nämlich von dem Künstler Aschenbach gesagt wird: „Auch er hatte gedient, auch er war Soldat und Kriegsmann gewesen (...) – denn die Kunst war ein Krieg, ein aufreibender Kampf, für welchen man nicht lange taugte."

16. Klaus Schröter: *Thomas Mann*, rororo monographie, 1967, 2005.

Erwähnt werden sollte auch noch einmal Klaus Schröters oft zitiertes Buch *Thomas Mann im Urteil seiner Zeit*, Christian Wegner, 1969.

17. Hans Wisskirchen: *Die Familie Mann*, rororo monographie, 1999.

18. Helmut Koopmann: *Thomas Mann – Heinrich Mann: Die ungleichen Brüder*, Beck 2005.

Sonstiges

19. „Die Manns" war die Titelgeschichte im SPIEGEL #51 von 2001. Dieser Artikel enthält auch ein Interview mit Marianne Krüll, Autorin des Buches *Im Netz der Zauberer: Eine andere Geschichte der Familie Mann*, Fischer Tb, 1993.

20. Christian Liederer & Axel Thielmann: *Thomas Mann: Leben und Werk*, Wissenschaftliche Buchgesellschaft CD (=Hörbuch).

21. Marcel Reich-Ranicki: *Thomas Mann und die Seinen*. Fischer Tb, 2007. Dies ist eine leicht lesbare Sammlung von Aufsätzen und

biographischen Skizzen. MR-R war ein großer Verehrer Thomas Manns. Er hat sogar den Thomas-Mann-Preis für 1987 erhalten. MR-Rs Buch gehört, wie die meisten seiner Artikel, Rezensionen und Fernsehauftritte, in den Qualitätsbereich des „middlebrow". (Virginia Woolfs Definition: "The middlebrow (…) is classed as a forced and ineffective attempt at cultural and intellectual achievement, as well as characterizing literature that emphasizes emotional and sentimental connections rather than literary quality and innovation"). MR-R wollte und konnte nur gutheißen, was ihm *gefiel*. Seine Kritik an der unvollendeten Thomas-Mann-Biographie von de Mendelssohn ist arrogant, besonders gemessen an dem, was Reich-Ranicki selbst geschrieben hat. Er war kein Vordenker, sondern, in Thomas Manns Ausdruck, ein „nachhinkender Kritiker" mit Gespür für den Show Business Effekt populärer Literatur.

Zusätzlich gibt es Bücher und Berichte über Thomas Manns Lebenszeit an verschiedenen Orten in Zürich, München, Bayern, Lübeck, Travemünde, Nidden, und Amerika. Die beiden ausführlichsten sind:

22. Thomas Sprecher: *Thomas Mann in Zürich*. NZZ Verlag 1992. Ein ausgezeichnetes Buch.

23. Hans R. Vaget: *Thomas Mann, der Amerikaner: Leben und Werk im amerikanischen Exil, 1938-1952*. S. Fischer 2011.

Thomas Manns Figurenkabinett

Abkonterfeit

Frage: Welche Figuren in Thomas Manns Werken sind aus dem Leben, aus seiner eigenen Familie, abkonterfeit?

Antwort: Welche Familienmitglieder (und andere, damals lebende Personen) Vorbilder für Romanfiguren Thomas Manns waren, erfährt man in dem Buch *Wer ist wer im Leben von Thomas Mann?* von Ambrust und Heine (Klostermann, 2008). Bequem nachzulesen auch im online-Figurenlexikon von Eva D. Becker und Anke-Marie Lohmeier. Zum Beispiel: Ines Institoris im *Doktor Faus-*

tus hat Züge von Thomas Manns Schwester Julia Mann, siehe Ambrust/Heise Seite 179; oder: Hedwig Pringsheim kommt als die reiche Dame in der Erzählung „Beim Propheten" vor, siehe Ambrust/Heise Seite 228.

Es ist also einfach, solche (angeblichen) Korrespondenzen nachzuschlagen. Interessanter in diesem Kontext ist Thomas Manns Aufsatz „Bilse und ich," in dem er sich gegen den Vorwurf wehrt, lebende Personen in seinen Romanen (damals waren *Buddenbrooks* gemeint) einfach abzukonterfeien. Thomas Mann behauptet dort, dass die größten Dichter vor ihm (Shakespeare, Goethe, Turgenew) alle Vorbilder hatten, die aber nur Maske und Stoff waren, und dass „die Beseelung aber alles" bedeute und den wahren Dichter ausmache. Man könnte also versuchen, an ausgewählten Figuren darzustellen, worin diese „Beseelung" bestand. Zum Beispiel: Wieweit war Gerhart Hauptmann das Modell für Mynherr Peeperkorn, und was hat Thomas Mann an „subjektiver Vertiefung" (sein Ausdruck) hinzugefügt, und zu welchem Zweck?

Krankheit, Tod, Trauerrede

Nacht der Ewigkeit

Frage: An welcher Krankheit ist Thomas Mann gestorben? Wer hat die Grabrede gehalten? Was wurde gesagt?

Antwort: Thomas Sprecher erzählt in seinem bewundernswerten Buch *Thomas Mann in Zürich* von den letzten Wochen im Leben Thomas Manns. Es ist Sommer 1955. Das Ehepaar Mann befindet sich zu einem Ferienaufenthalt im holländischen Noordwijk aan Zee. Am 18. Juli bemerkte Thomas an seinem linken Bein ein schmerzhaftes Ziehen, das er für ein ärgerliches aber letztlich harmloses Rheuma hielt. Das Rheuma war jedoch nicht harmlos. Es war kein Rheuma, sondern eine Thrombose – ein schlimmes Wort, das den 80-jährigen Kranken stark beunruhigt hätte. Katia und die Ärzte einigten sich deshalb darauf, Thomas gegenüber nur von einer „Venenentzündung" zu sprechen. Er wurde nach Zürich geflogen und ins Kantonsspital eingeliefert. Der Patient las, lauschte seiner Lieblingsmusik, erholte sich ein wenig, schrieb einige Briefe, aber die Besserung war nur eine scheinbare. Ab dem 9. August wurde Thomas sichtbar schwächer. Zwei Tage später war sein Blutdruck kaum noch messbar, Bluttransfusionen halfen nicht. Neben Katia waren auch Golo und Erika um ihn. Mühsam sagte er zu ihnen: „Ich kann mich auf Besuch jetzt nicht einlassen, - ich bin sehr schwach." Am 12. August, kurz nach acht Uhr abends, starb Thomas Mann. Die Todesursache war ein Riss der Bauchschlagader. Hier ist Thomas Sprechers ergreifend nüchterne Stimme:

„Schlafend ging er hinüber, ganz ohne Todeskampf und ohne dass Katia, welche die Ärzte mit ihm allein gelassen hatten, den Augenblick überhaupt hätte erkennen können. Still lag er da und bewegte nicht den ruhenden Körper. Katia wandte er sein „Musikgesicht" zu, die friedliche Miene, mit der er tief aufmerksam dem Vertrautesten nachhorchte und sich einlauschte in seine Faktur. Wie seine Brüder Victor und Heinrich und wie es ihm die Astrologen vorausgesagt hatten, war Thomas Mann, liebevoll überlistet, gnädig betrogen, eines leisen und leichten und letztlich royalen Todes gestorben, als das Sonntagskind, das er, selbst unter den Unbilden der Zeit, im Leben gewesen war."

Der Ablauf der Beerdigung am 16. August wurde von Werner Weber von der Neuen Zürcher Zeitung beschrieben. Kurz gefasst:

Der Kilchberger Pastors Eduard Schweingruber predigte über den 90. Psalm, Vers 10: „Unser Leben währet siebzig Jahre, und wenn's hoch kommt, so sind's achtzig Jahre, und wenn's köstlich gewesen ist, so ist es Mühe und Arbeit gewesen; denn es fähret schnell dahin, als flögen wir davon."

Das Martha Stierli-Quartett spielte den fünften Satz aus Beethovens Streichquartett in B-Dur, Op. 130. Der Bariton Heinz Rehfuss, begleitet von Viktor Schlatter an der Orgel, sang „O Tod wie bitter bist du!" aus den Vier ernsten Gesängen von Brahms.

Besonders bemerkenswert war die Trauerrede Richard Schweizers (1899-1965), Präsident des Verwaltungsrats des Zürcher Schauspielhauses. Er sagte u.a.:

„Unvergesslich bleibt jenes Wort der Erleichterung, das uns aus der *Entstehung des Doktor Faustus* überliefert ist: „Ich bin fertig." Ein paar Zeilen später heißt es allerdings: „In Wahrheit hatte ich nicht das Gefühl, fertig zu sein, nur weil das Wort ‚Ende' geschrieben war." Dieser Satz (...) fällt heute in ein besonderes Licht. Wenn auch unter dem Leben Thomas Manns das Wort Ende geschrieben steht, will das nicht sagen, nun sei alles abgeschlossen. Sein Geist ist gegenwärtig, hier und jetzt – wer unter uns würde ihn nicht spüren? So nehmen wir im Augenblick nur von dem Abschied, was sterblich ist. Erheben wir unser Herz zum Gruß: Lebe wohl in jenem Reiche, wo lichte Gestirne die Nacht der Ewigkeit erhellen."

Fotos von der Beerdigung sind abgebildet in dem großartigen Bildband *Die Familie Mann in Kilchberg*, hg. von Thomas Sprecher und Fritz Gutbrodt, NZZ Verlag, auf den Seiten 58 – 67.

2
Romane

Zur Orientierung: Thomas Manns veröffentlichte seinen ersten Roman *Buddenbrooks* im Jahr 1901, im Alter von 26 Jahren. Er wurde sein größter Erfolg und bescherte ihm 28 Jahre später den Nobelpreis für Literatur. Zwischen den *Buddenbrooks* und dem dritten Roman *Der Zauberberg* von1924 lagen turbulente Jahre und dramatische Ereignisse privater, künstlerischer und weltpolitischer Art. Da war zuerst seine Werbung um Katia, verarbeitet in seinem zweiten Roman *Königliche Hoheit.* Dazu kamen kreative Krisen, die 1912 endlich durch die Novelle „Der Tod in Venedig" überwunden schien. 1914 begann der Erste Weltkrieg, herbeigesehnt und theoretisch „gerechtfertigt" in dem umstrittenen Buch *Betrachtungen eines Unpolitischen.* Der heute als sein größtes, wenngleich nicht populärstes Werk geltende vierteilige Roman *Joseph und seine Brüder* ist teilweise schon ein Werk des Exils. Der dritte Teil *Joseph in Ägypten* wird in der Schweiz beendet, den vierten Teil *Joseph der Ernährer* (1943) verfasst er im amerikanischen Exil. Einige Jahre zuvor, 1939, hatte Thomas Mann noch *Lotte in Weimar* geschrieben, eine Melange aus Hommage an Goethe, Goethe-Parodie, Goethe-Imitation, und melancholischer Liebesgeschichte. *Doktor Faustus* (1947) ist noch einmal ein ehrgeiziges Unternehmen, in dem sich Thomas Manns lebenslange Motive von Krankheit, Heimsuchung und vergeblichen Rettungsversuchen durch Kunst und Liebe mit seinem immer noch als tief-tragisch empfundenen kulturellen Deutschtum treffen. Der an der mittelalterlichen Gregorius-Legende orientierte Roman *Der Erwählte* von 1951 gilt wegen seines unzeitgemäßen Themas und seiner teils unzugänglichen Sprache als Ausnahme, als Experiment Thomas Manns. Völlig überraschend ist drei Jahre später die Publikation des Schelmen- und Bildungsromans *Bekenntnisse des Hochstaplers Felix Krull.*

Buddenbrooks

Die Augen der Buddenbrooks

Frage: Warum schreibt Thomas Mann so oft über die Augen der Buddenbrooks?

Antwort: Tatsächlich gibt es Dutzende Stellen, die von den Augen der Familie Buddenbrook handeln, wie eine Volltext-Suche zeigt. Literaturwissenschaftler lieben es, angesichts dieser Datenfülle auf Thomas Manns Technik des Leitmotivs hinzuweisen, die er von Wagner, Tolstoi, Dickens und anderen gelernt hatte. (Schon Homer hatte seine Hörerschaft mit wiederholten Wendungen wie „der listenreiche Odysseus" und „die Morgenröte mit Rosenfingern" erfreut.)

Das Standardwerk zum Thema des Leitmotivs bei Thomas Mann ist:

Ronald Peacock: *Das* Leitmotiv *bei Thomas Mann*, Bern 1934. (Ursprünglich eine Dissertation, Uni Marburg, 1934.). Dieses Buch ist vergriffen, aber eine gute Uni-Bibliothek sollte ein Exemplar haben. Ebenso bei den beiden folgenden Dissertationen, die ich der Vollständigkeit wegen angebe:

André von Gronicka: *Das Leitmotiv im Werke Th. Manns.* Unpublished M.A. thesis. University of Rochester, 1935.

Ki-Sang Han: *Physiognomik als technisches Darstellungsmittel im Werk Thomas Manns. Vom Naturalistisch-Realistischen bis zum Mythisch-Utopischen.* Dissertation an der Universität Gießen, 1980.

Einfacher zu lesen, und (teilweise) im Internet als Google-Buch vorhanden, ist:

Katrin Max: *Niedergangsdiagnostik: Zur Funktion von Krankheitsmotiven in Buddenbrooks.* Siehe Kapitel IV, siehe dort ab S. 86 den Abschnitt „Jeans Augen und Jeans Handbewegungen". In *Thomas-*

Mann-Studien, Vierzigster Band. Die Seiten 90-91 fehlen im Google-View.

Siehe auch die Einträge für „Leitmotiv" im alten (2005) und im neuen (2015) *Thomas Mann Handbuch*.

Bei Fontane gefunden

Frage: Woher hat Thomas Mann den Familiennamen Buddenbrook – gefunden oder erfunden?

Antwort: Der Name kommt in Fontanes *Effi Briest* vor: „famoser Mann, schneidig und doch zugleich wie ein Kind", wie Wüllersdorf ihn beschreibt. Bekanntlich sekundierte Wüllersdorf dem Duellisten Instetten, während Buddenbrook dem unglücklichen Crampas zur Seite stand.

Es gibt noch viele andere Querverbindungen von Fontane zu Thomas Mann. Etwas versteckter als der Name Buddenbrook ist das „Was ist das. Was – ist – das ...", mit dem der Roman *Buddenbrooks* beginnt. Thomas Mann hat sich diese beim Abfragen des Katechismus übliche Frage wohl auch bei Fontane abgeguckt, dessen kleine Hilde in der Novelle „Ellernklipp" genauso wie Tony fragt: „Was ist das" und dann ins Stocken gerät.

1910, einem Jahr seiner Krisenzeit zwischen Eheschließung und „Der Tod in Venedig" hat Thomas Mann dem verehrten Fontane eine postume Hommage geschrieben (Fontane war 1898 gestorben), die heute den Titel trägt „Der alte Fontane". Anlass war die Herausgabe eines Bandes von Briefen Fontanes. Diese Buchbesprechung geriet zu einer Rhapsodie, in der Thomas Mann, wie fast immer in seinen Aufsätzen, auch über sich sprach. (Auch die Reden über Tschechow, Tolstoi, Goethe und über Schiller zeigen diese Spiegelungen.) Ein kleines Beispiel dafür ist ein Zitat aus einem Brief der 50-er Jahre des 19. Jahrhunderts, in dem Fontane schreibt: „Ich bin gewiss eine dichterische Natur, mehr als tausend andere, die sich selber anbeten, aber ich bin keine große und keine reiche Dichternatur. Es drippelt nur so."

Das „drippeln" wird in Norddeutschland bekanntlich vom leichten, zögernden, wenig überzeugenden Regen gesagt, bei dem kaum jemand wirklich nass wird. Bei Aschenbach „drippelt" es auch „nur so": seine berühmten Werke werden „in kleinen Tagewerken aus aberhundert Einzelinspirationen zur Größe emporgeschichtet", wozu er „Willensdauer und Zähigkeit" benötigte, und – wie Thomas Mann – „die Kräfte, die er im Schlaf gesammelt, in zwei oder drei inbrünstig gewissenhaften Morgenstunden der Kunst zum Opfer" darbrachte.

Königliche Hoheit

Mathematischer Hokuspokus

Frage: Thomas Manns Abgangszeugnis vom Katharineum in Lübeck war nicht erfreulich, so dass er mit dem Einjährigen abgehen musste. Vor allem über das Schulfach Mathematik hat er sich in den Buddenbrooks abschätzend geäußert. War es sein schlechtestes Fach?

Antwort: Nur im Turnen war er mangelhaft – die körperliche Auseinandersetzung mit Pferd und Barren war unter seiner Würde. In der Mathematik bekam er gerade noch ein „befriedigend"; aber auch seine Deutschnote war nur befriedigend. Tatsächlich lässt Thomas Mann in den Buddenbrooks an Hannos Mathematiklehrern kein gutes Haar. Der kleine, dicke, „greise Rechenlehrer, Herr Tietge," unterrichtete Hanno in den unteren Klassen. Er hatte oft heftige Hustenanfälle und bedeckte den Boden des Katheders „mit seinem Auswurf". Kurz, er war „krumm, gelb und speiend". Dr. Marotzke war ein interessanterer Typ. Er galt als „tiefer Oberlehrer", unterrichtete auch die Naturwissenschaften, „aber sein Hauptgebiet war die Mathematik, und er galt für einen bedeutenden Denker in diesem Fache." Doch damit nicht genug: „Er liebte es, von den philosophischen Stellen der Bibel zu sprechen (...) Außerdem aber war er Reserveoffizier und zwar mit Begeisterung." Fazit: „Diese Mischung aus Mystizismus und Schneidigkeit war ein wenig abstoßend." Von ferne erinnert diese Charakterisierung an den Mathematiker Ludwig Bieberbach, der immerhin das 18. der 23 berühmten Hilbert-Probleme löste, aber als strammer SA-Mann einerseits und Begründer einer philosophisch okkulten, antisemitischen „Deutschen Mathematik" andererseits auch nicht „wenig abstoßend" war.

Das waren die Mathematiklehrer. Über die Mathematik selbst haben sich Thomas Mann und seine Figuren ganz anders geäußert. Immerhin war ja sein Schwiegervater Mathematikprofessor, und Katia hatte vor ihrer Ehe auch mit dem Mathematikstudium begonnen. Selbst Adrian Leverkühn hätte beinahe Mathematik studiert und Hans Castorp, von Berufs wegen Ingenieur, besaß „eine hübsche, wenn auch leidenschaftslose Begabung für Mathematik".

Eine witzig-ironische, aber auch sehr schöne Beschreibung der Mathematik, die auch bei heutigen Mathematikern noch berühmt ist, findet sich in dem Roman *Königliche Hoheit*. Prinz Klaus Heinrich sieht sich eines von Immas Algebra-Büchern an.

„Was er sah, war sinnverwirrend. In einer krausen, kindlich dick aufgetragenen Schrift, die Imma Spoelmanns besondere Federhaltung erkennen ließ, bedeckte ein phantastischer Hokuspokus, ein Hexensabbat verschränkter Runen die Seiten. Griechische Schriftzeichen waren mit lateinischen und mit Ziffern in verschiedener Höhe verkoppelt, mit Kreuzen und Strichen durchsetzt, ober- und unterhalb waagrechter Linien bruchartig aufgereiht, durch andere Linien zeltartig überdacht, durch Doppelstrichelchen gleichgewertet, durch runde Klammern zusammengefasst, durch eckige Klammern zu großen Formelmassen vereinigt. Einzelne Buchstaben, wie Schildwachen vorgeschoben , waren rechts oberhalb der umklammerten Gruppen ausgesetzt. Kabbalistische Male, vollständig unverständlich dem Laiensinn, umfassten mit ihren Armen Buchstaben und Zahlen, während Zahlenbrüche ihnen voranstanden und Zahlen und Buchstaben ihnen zu Häupten und Füßen schwebten. Sonderbaren Silben, Abkürzungen geheimnisvoller Worte waren überall eingestreut, und zwischen den nekromantischen Kolonnen standen geschriebene Sätze und Bemerkungen in täglicher Sprache, deren Sinn gleichwohl so hoch über allen menschlichen Dingen war, dass man sie lesen konnte, ohne mehr davon zu verstehen als von einem Zaubergemurmel."

Dieser Passus ist in der Tat beeindruckend, unabhängig davon, was der „phantastische Hokuspokus" denn zu bedeuten habe. „Der Mathematiker weiß nicht, was er mehr bewundern soll: die glänzenden Formulierungen Thomas Manns oder dessen Blick für das Charakteristische, das Bezeichnende der mathematischen Notation." So urteilt Urs Stammbach, emeritierter Mathematikprofessor an der ETH Zürich in seinem Aufsatz „Thomas Mann und die Mathematik. Eine vergnügliche Spurensuche", abrufbar im Jahrbuch der Akademie der Wissenschaften zu Göttingen (2008) 494 – 517.

Der Zauberberg

Analytisches Kabinett

Frage: Wie heißt die Psychoanalyse-Praxis von Dr. Krokowski im Zauberberg? Seelenzergliederungslabor? Seelenduchleuchtungslabor? Oder wie noch?

Antwort: Die Praxis hatte nicht den Namen Labor, sondern „analytisches Kabinett". Dr. Edhin Krokowski ist bekanntlich Assistent des dirigierenden Arztes Hofrat Behrens. Krokowskis Bereich für Privatordinationen befindet sich im Kellergeschoss. Dort, wo „verhülltes Halblicht, tiefe Dämmerung herrschte", liegt sein „analytisches Kabinett". In ihm praktizierte er seine „Seelenzerlegung" und Forschungen zum „Traumleben" (s. z.B. im Vierten Kapitel des *Zauberberg* unter „Zweifel und Erwägungen"). Beliebt sind Krokowskis vierzehntägigen Vorträge, besonders die über die krankheitsbildende Macht der Liebe. Gegen Ende des Buches, in „Fragwürdigstes", wendet er sich zum „Magischen" und trägt vor über Hypnotismus, Somnambulismus, Telepathie, Hysterie, etc. Das führt dann zur Geschichte des „Jungfräuleins" Ellen Brand.

Der Anfang und das Ganze

Frage: Wo genau finde ich die Stelle, wo Thomas Mann schreibt, man könne die Anfänge seiner Romane und Erzählungen erst verstehen, wenn man das ganze Werk kennt?

Antwort: Gemeint ist wahrscheinlich der folgende Absatz über den *Zauberberg* aus „Über mich selbst":

„Was soll ich Ihnen nun über das Buch und die Art, wie es etwa zu lesen sei, sagen? Ich glaube, die besondere Machart des Buches, seine Komposition, bringt es mit sich, dass das Vergnügen des Lesers sich beim zweiten Mal erhöhen und vertiefen wird, - wie man ja auch Musik schon kennen muss, um sie richtig zu genießen. Musik, Komposition - ich habe schon anlässlich meiner Arbeiten davon gesprochen, dass der Roman, die Erzählung, mir immer eine Symphonie, ein Werk der Kontrapunktik, ein Themengewebe gewesen war, worin die Ideen die Rolle musikalischer Motive spielen. Diese Technik ist im Zauberberg auf die komplizierteste und alles durchdringende Art angewandt, und damit hängt meine anmaßende Forderung zusammen, ihn zweimal zu lesen: man kann den musikalisch-ideellen Beziehungskomplex, den er bildet, erst richtig durchschauen, wenn man seine Thematik schon kennt und imstande ist, das symbolisch spielende Formelwort nicht nur rückwärts, sondern auch vorwärts zu deuten." Siehe im Fischer-tb „Über mich selbst", S.79, oder Band XI der Gesamtausgabe.

Dazu auch Markus Lorenz' Dissertation „Motivische Textur als ästhetische Selbstreferenz - Zur Komposition von Thomas Manns Roman *Der Zauberberg*", als PDF-Datei von der Universität Bonn online erhältlich.

Sterben eine Angelegenheit der Weiterlebenden

Frage: In englischsprachigen Zitatesammlungen findet sich folgendes Thomas Mann zugeschriebene Zitat: „A man's dying is more his survivors' affair than his own." Handelt es sich um die Übersetzung eines Satzes aus seinem Werk?

Antwort: Der Satz stammt aus der amerikanischen Übersetzung von Lowe-Porter. Im Original steht er in Kapitel 6, Abschnitt „Als Soldat und brav" des *Zauberberg*. Das Originalzitat und der anschließende Text lauten:

„Tatsächlich ist unser Sterben mehr eine Angelegenheit der Weiterlebenden als unserer selbst; denn ob wir es nun zu zitieren wissen oder nicht, so hat das Wort des witzigen Weisen jedenfalls volle seelische Gültigkeit, dass, solange wir sind, der Tod nicht ist, und dass, wenn der Tod ist, wir nicht sind; dass also zwischen uns und dem Tode gar keine reale Beziehung besteht und er ein Ding ist, das uns überhaupt nichts und allenfalls Welt und Natur etwas angeht (...)".

Der von Thomas Mann bemühte „witzige Weise" ist Epikur, siehe dessen „Briefe Sprüche Werkfragmente"; Griechisch/Deutsch, übersetzt und herausgegeben von Hans-Wolfgang Krautz, Reclam 2000, S. 42-45. Weiteres in Alois M. Hass: „Leben selbst ist Sterben und dennoch Wachstum." Dieser Aufsatz ist ab Seite 81 im Band 38 der *Thomas-Mann-Studien* unter dem Titel *Vom weltläufigen Erzählen* abgedruckt und kann teilweise als Google-Buch online gelesen werden.

Schwieriger Unsinn

Frage: Auf einer Party in San Francisco zitierte jemand einen Ausspruch Thomas Manns, der in etwas so lautete: „I'd rather talk nonsense and express something difficult than say something safe and boring."

Antwort: Das Zitat ähnelt einem Satz aus der Lowe-Porter Übersetzung des *Zauberberg*: „I know I am talking nonsense, but I'd rather go rambling on, and partly expressing something I find difficult to express, than to keep on transmitting faultless platitudes."

Dies ist eine ziemlich hölzerne Übersetzung des Originals, das im Abschnitt „Mynheer Peeperkorn (des weiteren)" des 7. Kapitels wie folgt lautet: „Ich schwatze da Unsinn, aber ich will lieber ein bisschen faseln und dabei etwas Schwieriges halbwegs ausdrücken, als immer nur tadellose Hergebrachtheiten von mir geben, -"

Dieser Satz stammt aus einem Gespräch zwischen Hans Castorp und Settembrini. Castorp fährt fort:

„ - das ist doch vielleicht auch so etwas wie ein militärischer Zug in meinem Charakterbilde, wenn ich so sagen darf ..."

„Sagen Sie immerhin so," nickte Herr Settembrini. „Unbedingt wäre das ein Zug, den man loben dürfte. Der Mut der Erkenntnis und des Ausdrucks, das ist die Literatur, es ist Humanität ..."

In der neuen, flüssigeren Übersetzung von John E. Woods lauten die fraglichen Zeilen so:

„I am talking nonsense, I know, but I would rather babble away and at least partially express something difficult than reproduce impeccable clichés. That is perhaps a military trait in my own character, if I may say so"

"Say it in any case," Settembrini replied with a nod. "That would definitely be a trait one might praise. The courage of self-recognition and expression – that is literature, that is humanity."

Der Neugierige, der mehr wissen will über die Unterschiede zwischen den Übersetzungen von Lowe-Porter und John Woods, sei verwiesen auf David Hortons Buch *Thomas Mann in English – A Study in Literary Translation*, Bloomsbury 2003. Dort insbesondere Kapitel 4: „An exercise in translation comparison: *Der Zauberberg*."

Fasching auf dem Zauberberg

Ein Vorschlag

Jeden Dezember wird in der Mengstraße 4 in Lübeck „Weihnachten bei den Buddenbrooks" vorgelesen. Hier soll der Vorschlag gemacht werden, jedes Jahr zur Karnevalszeit aus dem Kapitel „Walpurgisnacht" einen Leseabend unter dem Titel „Fasching auf dem Zauberberg" zu gestalten, mit „scherzhaften Blasinstrumenten, schnarrend und tutend", wie es im Buche steht.

Vielleicht darf man sogar behaupten, der Fasching auf dem Zauberberg beschreibe ein für Thomas Mann (sein Leben und Werk) wichtigeres Fest als Weihnachten mit Plumcake und „O Tannenbaum" bei der Familie Buddenbrook.

Man erinnert sich: Hans Castorp will, und zwar mit geschlossenen Augen, Schweinchen malen. Er, „totenbleich", leiht sich von Clawdia Chauchat ein Schreibgerät: „Hast du nicht vielleicht einen Bleistift?" Daraufhin wird er, wie Odysseus von Kirke, von Clawdia bezirzt, die zum Fasching ein dunkelgoldbraunes Seidenkleid trägt, bei dem die Arme nackt sind bis zu den Schultern hinauf.

Hans Castorp sinkt auf die Knie und spricht auf französisch, das er von Rechts wegen gar nicht beherrscht, über den Tod und die Liebe.

„Und sie setzte ihm die Papiermütze auf.

»Adieu, mon prince Carnaval! Vous aurez une mauvaise ligne de fièvre ce soir, je vous le prédis.«

Damit glitt sie vom Stuhl, glitt über den Teppich zur Tür, in deren Rahmen sie zögerte, halb rückwärts gewandt, einen ihrer nackten Arme erhoben, die Hand an der Türangel. Über die Schultern sagte sie leise:

»N'oubliez pas de me rendre mon crayon.«

Und trat hinaus."

Nachklänge der Walpurgisnacht auf dem Zauberberg

Ein Abend des Du

Auch wenn der Leser nach Clawdias Einladung »... me rendre mon crayon« keine Einzelheiten aus dem Zimmer #7 des Sanatoriums Berghof erfährt, hallt das Echo der Walpurgisnacht durch die nächsten vierhundert Seiten des Romans.

Vor dem Vetter hat Hans Castorp ein schlechtes Gewissen: „Sein Gewissen sagte ihm, Joachim müsse in dem, worüber sie nicht sprachen, wovon Joachim aber zweifellos wußte, etwas wie Verrat, Desertion und Treulosigkeit sehen, und zwar in Hinsicht auf ein Paar runder brauner Augen, eine schwach begründete Lachlust und ein Apfelsinenparfüm, deren Einwirkungen er täglich fünfmal ausgesetzt war, vor denen er aber streng und anständig seine Augen auf den Teller niederschlug ..." Die Rede ist von Marusja.

Auch „waltete zwischen Hans Castorp und dem Italiener [Settembrini] eine Entfremdung, die auf das schlechte Gewissen des einen sowie auf die tiefe pädagogische Verstimmung des anderen zurückzuführen war und dahin wirkte, dass sie einander mieden und wochenlang kein Wort zwischen ihnen gewechselt wurde."

Settembrinis Verstimmung wird von seinem Antipoden Naphta geteilt: „Die Mißstimmung des Erziehers gegen die Frau als störendes und ablenkendes Element, diese stille und ursprüngliche Gegnerschaft, die sie vereinigte, weil ihre pädagogisch verdichtete Zwietracht sich darin aufhob."

Hans erinnert sich Jahre später: „Der Abend, an dem ich gewisse pädagogische Fesseln, von denen schon kurz die Rede war, abstreifte und mich ihr näherte - unter einem Vorwand, der mir von früher her nahelag - , war ein maskierter Abend, ein Faschingsabend, ein unverantwortlicher Abend, ein Abend des Du, in dessen Verlauf das Du auf traumhafte und unverantwortliche Weise vollen Sinn gewann."

Der russische Kuss

Was ist der russische Kuss? Er taucht im Zauberberg auf. Er „taucht" eigentlich nicht auf, sondern er wird, wie es dort heißt, „getauscht", und zwar zwischen Hans Castorp und Clawdia Chauchat, die mit Mynheer Peeperkorn in das Sanatorium zurückgekehrt ist:

„Da küsste sie ihn auf den Mund. Es war so ein russischer Kuss, von der Art derer, die in diesem weiten, seelenvollen Lande getauscht werden an hohen christlichen Festen, im Sinne der Liebesbesiegelung."

Ein Tauschgeschäft muss sich auf Gegenseitigkeit verlassen. Aber was ist es, das Hans da der Clawdia gibt, und was bekommt er im Austausch von ihr?

Die lateinischen Klassiker haben eine einfache, aber für römische Verhältnisse ausreichende Kuss-Taxonomie. Drei Arten von Küssen wurden unterschieden: *osculum* ist der allgemeine Kuss, der rituelle, offizielle, väterliche, oder einfach der gutgemeinte Kuss; *basium* der Freundschaftskuss, gelegentlich der verliebte Kuss und der flüchtige Bussi, der auch zum Ausdruck des Dankeschön verwendet wurde; *suavium* schließlich ist der erotische Liebeskuss. Welcher davon ist russisch?

Das *osculum* wird von Horaz als keuscher Kuss gebraucht, bei Ovid einem Krieger von seinem treuen Weib als Abschiedspfand mitgegeben. Politiker aller Länder tauschen diese Art von Küssen aus, und der notorische Judaskuss ist mit *osculum* ins Lateinsche übersetzt worden.

Basium erhielt seinen Ruf besonders durch Catulls Liebesgedichte, wo von hunderten und tausenden von *basia* im Plural die Rede ist. Der französische *bise* auf beide Wangen und der italienische *bacio* haben im *basium* ihren Urahn.

Beim *suavium* schwingen zunächst die Beiwörter süß und reizend mit. So spricht auch Felix Krull zu Zouzou von dem „zartesten Austausch der Welt, stumm und lieblich wie eine Blume." Doch in einem früheren Kapitel schreibt er von einem Lippentreffen, das ein „weitgehender Kuss" war, den Madame Houpflé am nächsten Abend „noch weiter ausgestaltet"hat. Wir müssen wohl beide, den Blumenkuss und den weitgehenden, zur Kategorie des *suavium* rechnen.

Zurück zum russischen Kuss im *Zauberberg*. „Sie küsste ihn auf den Mund." Es war also wohl kein flüchtiges *basium*. Und die *suavia* kamen bereits früher im Buch. Wir erinnern uns da an jene französisch gesprochene, mit gestammelten Liebesworten ausgeschmückte Szene vom Faschingsabend. Danach wurde im Zimmer # 7 des ersten Stockwerks nicht nur ein Bleistift zurückgegeben, sondern wir dürfen getrost annehmen, dass auch weitestgehende *suavia* ausgetauscht wurden. Hans hat jedoch, nachdem er so „Claudia Chauchats Bekanntschaft gemacht hatte," noch eine zusätzliche Erinnerungsgabe empfangen, ein „Schattenpfand", nämlich „Clawdia's Innenporträt, das ohne Antlitz war, aber das zarte Gebein ihres Oberkörpers, von den weichen Formen des Fleisches licht und geisterhaft umgeben, nebst den Organen der Brusthöhle erkennen ließ." Dieses Röntgenbild hat er oft „an die Lippen gedrückt" und aufbewahrt bis Clawdia mit Peeperkorn zurückkehrte.

Wohin in der römischen Dreiteilung der zwischen Hans und Clawdia ausgetauschte russische Kuss fällt, ist zwar nicht eindeutig zu bestimmen, aber man ist geneigt, ihn zur Gattung *suavium* zu rechnen. Tiefer soll die Untersuchung hier nicht getrieben werden, denn auch Thomas Mann lässt es mit Andeutungen genug sein und empfiehlt Diskretion: „Während also die Lippen Hans Castorps und Frau Chauchats sich im russischen Kusse finden, verdunkeln wir unser kleines Theater zum Szenenwechsel."

Joseph und seine Brüder

Eine „spielerische Wissenschaft"

Frage: In Vito Victor: „Translating Thomas Mann", *The Iowa Review*, Vol 34, No. 3 (Winter 2003/2004), pp. 138-148, habe ich folgenden Satz gefunden, der sich auf die ersten beiden Seiten des Vorspiels „Höllenfahrt" im 1. Band der *Joseph*-Romane bezieht:

»[I]t is an invocation, an incantation to Joseph, and gives the writer, composing it, that surge of self-admiration, those passionate yet mischievous giggles that will cause him to write, later, to a friend, that he has never enjoyed work as much as this "work of playful science," as he calls his biblical epic, alluding, almost certainly, to Nietzsche's "joyful wisdom," which is, in turn ...«

Woher kommt der Ausdruck "work of playful science," und wie lautet er im Original bei Thomas Mann?

Antwort: "Work of playful science" habe ich auf Deutsch bei Thomas Mann nicht gefunden. Aber es gibt ähnliche Aussagen in seinen Briefen.

Humoristisch-pseudowissenschaftlicher Spaß:

Thomas Mann an Erika („Liebes Erikind") vom 23. XII. 1926: „Der Joseph wächst Blatt für Blatt, wenn es vorläufig auch nur eine Art von essayistischer oder humoristisch-pseudowissenschaftlicher Fundamentlegung ist, womit ich mich amüsiere. Denn Spaß macht mir die Sache mehr, als je etwas anderes."

Mammut-Spaß:

Brief an Karl Kerényi vom 9.9.1938: „Es wird doch merkwürdig und erfreulich sein, wenn dieser Mammut-Spaß einmal fertig vorliegt. Es scheint, das eigentlich Merkwürdige und Erfreuliche ist der Tod. Denn immer strebt und verlangt man, fertig zu werden und merkt nicht, dass man im Grunde nach dem Fertig *sein* und nach dem Tode strebt."

Lockerer Spaß:

Im Brief an Agnes Meyer vom 14.5. 1942: „Die Arbeit am Joseph macht mir jetzt solchen Spaß, daß ich immer kaum den nächsten Vormittag erwarten kann. Der Band wird gegen das Ende hin immer lockerer, dramatischer, märchenhafter und amüsanter, was gut ist für den Leser."

Verwandt mit „playful science" und Spaß sind auch „Spiel", „Scherzrede" und „Schein-Genauigkeit" in folgendem Absatz aus seinem Essay/Vortrag „Joseph und seine Brüder" von1942:

„Die erörternde Rede, die schriftstellerische Einschaltung braucht nicht aus der Kunst zu fallen, sie kann ein Bestandteil davon, selber ein Kunstmittel sein. [...] Die Erörterung gehört hier zum Spiel, sie ist eigentlich nicht die Rede des Autors, sondern die des Werkes selbst, sie ist in seine Sprachsphäre aufgenommen, ist indirekt, eine Stil- und Scherzrede, ein Beitrag zur Schein-Genauigkeit, der Persiflage sehr nahe und jedenfalls der Ironie: denn das Wissenschaftliche, angewandt auf das ganz Unwissenschaftliche und Märchenhafte ist pure Ironie."

Doktor Faustus

Schönberg oder Wagner?

Frage: Ist die folgende These richtig oder mindestens plausibel: Dass die musikalischen Errungenschaften Leverkühns vordergründig zwar auf Arnold Schönberg zurückzuführen sind, in ihrem metaphysischen Zusammenhang und wie Mann sie schildert, jedoch eher mit dem romantischen Charakter Wagnerscher Werke Ähnlichkeit haben?

Antwort: Zur Beantwortung dieser Fragen ist die leicht lesbare Dissertation „Das literarische Porträt" (2004) von Thomas Schneider sehr hilfreich. Man kann sie im PDF-Format bei der Deutschen National Bibliothek einsehen. Siehe Kapitel 6, besonders 6.5.2. Am Schluss gibt Schneider die folgenden Namen von historischen Personen an, die nach seinen Recherchen in die Figur (oder das „Porträt") des Leverkühn eingegangen sind: Nietzsche, Wagner, Dürer, Webern, Berg, Wolf, Schönberg (ganz besonders), Thomas Mann selbst, und Dürers „Schmerzensmann". Die Thematik von Wagnerschem Leitmotiv vs. Zwölftonmusik Schönbergs wird auch angesprochen; s. auch die in der Dissertation angegebenen Literaturhinweise über Wagners Einfluss auf den *Doktor Faustus* im allgemeinen und Leverkühn im besonderen.

Mann und Wagner

„Mann und Wagner" ist zwar ein zu weitläufiges Thema für eine Quisquilie, aber man darf, glaube ich, sagen, dass Thomas Mann mit Leverkühn Wagner überwinden wollte und dass ihm die Erfindung der 12-Ton Musik Schönbergs, vermittelt durch Adorno, dazu die Möglichkeit gab. Hermann Kurzke schreibt darüber in seiner Thomas Mann Biographie,

Thomas Mann habe zwar Kenntnisse über die Musik des 19. Jahrhunderts gehabt, sein Musikgeschmack sei aber „über das Werk Richard Wagners nicht hinausgekommen." Diese Begrenztheit Thomas Manns und die Befangenheit Adrians werden nun durch die Paktleistung Adrians mit dem Teufel überwunden: der Rausch der Inspiration und schöpferischen Euphorie wird ihm möglich durch die Syphilis, das „Aphrodisiacum des Hirns", welche die alte lähmende Verstandeskontrolle beseitigt. Wie allerdings solche nach-wagnerischen Kompositionen wie das Oratorium „Apocalipsis cum figuris" aussehen könnten, wusste Thomas Mann nicht. Hier kam dann Adornos zu seinem Auftritt. (Siehe den Abschnitt „Der Ratgeber" in Kurzkes Biographie und das 34. Kapitel im *Doktor Faustus*.)

Thomas Mann hatte schon 1933 in seinem (vor allem in München missverstandenen) Aufsatz „Leiden und Größe Richard Wagners" gewisse „reaktionäre Züge" festgestellt. Im *Doktor Faustus* selbst gibt es dann Passagen vom „Widerspiel zur nationalistisch-wagnerisch-romantischen Reaktion" und über „München mit seiner stehengebliebenen Wagnerei."

Adrian Leverkühn und Kollegen

Frage: Gibt es Nachahmer oder literarische Kollegen des Doktor Faustus?

Antwort: Im Folgenden will ich einige von Adrian Leverkühns Kollegen vorstellen, fiktive Musiker und Komponisten, die in der Welt der Literatur zu einigem Ansehen gelangten.

1. Der Kapellmeister Johannes Kreisler ist E.T.A. Hoffmanns Schöpfung. Am bekanntesten sind seine „Beethoveniana" (5. und 6. Symphonie, C-Dur Messe, u.a.m.). Kreisler taucht aber auch anderswo auf, zum Beispiel beim „Kater Murr". Leider lebte Hoffmann nicht lange genug, um Kreisler auch über Beethovens letzte Klaviersonate, #32 in c-Moll, opus 111, schreiben zu lassen. Hierüber doziert bekanntlich Theodor Adornos Alter Ego Wendell Kretzschmar im Kapitel VIII, einem der Bravourstücke des *Doktor Faustus*. Als Inbegriff romantischer Musik erscheinen die „Kreisleriana" wieder im Klavierzyklus op. 16 von Robert Schumann. In den 50er Jahren des 19. Jahrhunderts unterzeichnete der junge Brahms seine Briefe mit „Joh. Kreisler, Jun." und schrieb sogar Musik unter diesem Pseudonym. Gustav Mahler wurde von vielen Kritikern und Biographen (Paul Stefan) als Wiederauferstehung des Kapellmeisters Kreisler gesehen.

2. Der fiktive Komponist Vinteuil erscheint mehrmals in Prousts *Auf der Suche nach der verlorenen Zeit*. Man ist sich nicht einig, ob die Vinteuil Sonata von César Franck oder Gabriel Fauré inspiriert wurde. Musikkritiker Alex Ross vom „New Yorker" plädiert in seinem Blog für Fauré.

3. Als Thomas Mann noch an seinem *Doktor Faustus* schrieb, hatte Hermann Hesse gerade sein magnum opus *Das Glasperlenspiel* beendet. Darin kommt ein Musikmeister vor, der den Romanhelden, Joseph Knecht, als Prüfer und Mentor begleitet. Dieser weise Meister ist nach Expertenmeinung dem Pietisten Friedrich Christoph Ötinger (1702-1782) nachgebildet. Es gibt aber auch einen direkten Bezug zu Thomas Mann. Knechts Vorgänger als Magister

Ludi trägt den Namen Thomas von der Trave. Als Thomas Mann Hesses *Glasperlenspiel* las, war er über die Ähnlichkeit mit dem *Doktor Faustus* erschrocken. In einem Brief an Hesse vom 8. April, 1945, schreibt er: „Bestürzung war auch unter den Gefühlen, mit denen ich das Werk las, - über eine Nähe und Verwandtschaft, die mich nicht zum ersten Mal beeindruckt." Daraufhin erwähnt er seine Arbeit am *Doktor Faustus* und unterschreibt den Brief mit „Ihr Thomas von der Trave".

4. Honoré de Balzac veröffentlichte 1837 seine Novelle „Gambara" über einen Komponisten, Instrumentenmacher und Musikologen, dessen Musik allerdings nur dann ungewöhnlich schön klang, wenn er betrunken war. Musik ist für Paolo Gambara (und für Balzac) gleichermaßen Kunst und Wissenschaft. Die Kunst kommt aus der Inspiration (verstärkt durch den Alkohol), die beteiligten Wissenschaften sind Mathematik und Physik.

5. Exzentrisch ist auch der Musiker Simon Silber in Christopher Millers Roman *Sudden Noises from Inanimate Objects*. Dieses bemerkenswerte Buch besteht aus nichts anderem als Liner Notes (Begleittexten) zur Musik von Simon Silber, den man sich aus den drei Musikern Kaikhosru Sorabj, Glenn Gould und Adrian Leverkühn zusammengesetzt vorstellen darf.

6. Einer der originellsten Kollegen Adrian Leverkühns hat den schönen deutschen Namen Gottfried Rosenbaum, dessen Mittelname überdies Knosperl ist. Er spielt einen Musikprofessor in Randall Jarrells Roman *Pictures from an Institution*, was natürlich an Modest Mussorgskis Klavierzyklus „Pictures at an Exhibition / Bilder einer Ausstellung" erinnern soll.

Jarrell beschreibt Rosenbaums Musik. Der letzte Satz ist ein parodistischer Verweis auf den *Doktor Faustus*:

"He loved hitherto-unthought-of, thereafter unthinkable combinations of instruments. When some extraordinary array of players filed half-proudly, half-sheepishly on to the stage, looking like the

Bremen Town Musicians — if those were, as I think they were, a rooster, a cat, a dog, and a donkey — you could guess beforehand that it was to be one of Gottfried's compositions. His Joyous Celebration of the Memory of the Master Johann Sebastian Bach had a tone-row composed of the notes B, A, C, and H (in the German notation), of these inverted, and of these transposed; and there were four movements, the first played on instruments beginning with the letter b, the second on instruments beginning with the letter a, and so on. After the magnificent group that ushered in the piece (bugle, bass-viol, bassoon, basset-horn, bombardon, bass-drum, bagpipe, baritone, and a violinist with only his bow) it was sad to see an Alp horn and an accordion come in to play the second movement. Gottfried himself said about the first group: »Vot a bunch!« When I asked him how he thought of it, he said placidly: »De devil soldt me his soul.«"

7. Moderne Kollegen Leverkühns

Hier muss eine Liste genügen:

Hans Werner Henze: 3. Violinkonzert: Drei Porträts aus dem Roman Dr. Faustus von Thomas Mann. 1. Esmeralda – 2. Echo – Rudi S. (1996, revidiert 2002).

Henry Pousseur: Votre Faust (161-1968).

Peter Maxwell Davies: Resurrection (1987).

Poul Ruders: Corpus cum figures (1985).

Bengt Hambraeus: Apocalipsis cum figuris secundum Dürer (1987).

Alfred Schnittke: Historia von D. Johann Fausten (folgt allerdings dem alten Volksbuch von Johann Spies, nicht Thomas Manns *Doktor Faustus*). Vergleiche aber Alex Ross' Interview mit Schnittke in Ross' Blog „The Rest is Noise".

Hieraus ein Ausschnitt:

Might it be possible that Mr. Schnittke's music has been inspired by the eclectic, parodistic, fundamentally grave and serious compositions of Adrian Leverkühn, the fictional hero of Thomas Mann's novel *Doktor Faustus*? "Yes, the book had an incredible influence on me," said Mr. Schnittke, becoming slightly more passionate than he had been for most of the interrogation. "I read it in the 50's when I was still a young man. I thought about it my whole life, but unfortunately never wrote anything connected with it."

There is, however, the "Faust Cantata," based on the same 16th-century source that the fictional Leverkühn employs for his valedictory work. It has been expanded into a three-act opera, with a libretto drawing from various "Faust" sources; the Hamburg Opera will give the premiere in 1995. "Faust was a man both good and bad," Mr. Schnittke said of this 20-year-old project, "and that ambivalence draws me to the story.""

8. Vorgänger Leverkühns: Jean Christophe und Hector Berlioz

In die Reihe der Musiker-Romane mit fiktivem Musikgenies als Helden gehört auch Romain Rollands „Jean Christophe" (1904-12). Die erste deutsche Übersetzung stammt von Otto und Erna Grautoff: „Johann Christof", bei dtv 1977 in drei Dünndruckbänden wieder abgedruckt. (Otto Grautoff war bekanntlich der wichtigste Jugendfreund Thomas Manns, der ihn in Hannos Freund Kai porträtiert hat.)

Wikipedia verrät: „Titelheld ist der (fiktive) deutsche Komponist Johann-Christoph Krafft, der als junger Mann nach Frankreich gelangt, sich dort mit Hilfe eines französischen Freundes assimiliert und so in seiner Musik quasi die ihm angeborene „deutsche Energie" mit „französischen Geist" verbinden und veredeln kann. Der „Jean-Christophe" war ein großer Erfolg und wurde nach 1918 auch von den gar nicht so wenigen frankophilen Deutschen geschätzt, die das Gerede von der deutsch-französischen Erbfeindschaft satt hatten und auf Verständigung zwischen beiden Völkern setzten. Der Stoff diente 1978 als Vorlage für die gleichnamige Fernsehserie des französischen Regisseurs François Villiers."

Sogar fiktive Musik kann Musikologen anregen. Über frühe Abhandlungen zur Musik im *Doktor Faustus* informiert in aller Kürze der Kommentarband der GKFA des Romans, siehe die Seiten 163 – 166. Ausführlicher ist Hans Vagets Buch *Seelenzauber. Thomas Mann und die Musik.*

Professor Kumpfs „vorgebäumte" Unterlippe

Frage: Was ist Professor Kumpfs „vorgebäumte" Unterlippe?

Antwort: Was das Partizip „vorgebäumt" betrifft, das Thomas Mann zur Beschreibung der Unterlippe Professor Kumpfs benutzt: Man findet es schon 1918 (und früher) in Alfred Döblin: *Wadzeks Kampf mit der Dampfmaschine.* (S. Fischer, Berlin 1918). Siehe dort Seite 108:

Frau Littgau, Vermieterin des Zimmers, in dem Wadzek sich versteckt hält, bringt ihm sein Essen (seine „Verproviantierung") in einem Korb, den sie mittels einer Holzgabel (einem „Zweizack") an der Hauswand hinauf bis an sein Zimmerfenster hievt: „Am Fenster schwangen sich zwei Arme dem nahenden Objekt entgegen; tief unter dem blechernen Fensterschutz griffen sie in die Vertiefung der Gabel, welche von der breitspurigen Zimmervermieterin so gehalten wurde, den tragenden Ast in Nabelhöhe auf den Leib gestemmt, den Leib vorgebäumt, die blutroten Hände den Balken umklammernd und gegen die Hauswand pressend."

Außerdem gibt es anderswo das reflexive Verb „sich vorbäumen": „Man sieht über dem Epigastrium von Zeit zu Zeit einen Darmtheil sich vorbäumen." So gelesen in dem Jahrbuch für Kinderheilkunde und Physische Erziehung, Leipzig, 1896.

Der Erwählte

Die eigentümliche Sprache

Frage: Was hat es auf sich mit dem Fremdsprachengebrauch in dem Roman *Der Erwählte*, insbesondere den lateinischen und altfranzösischen Passagen. Sind sie lediglich mittelalterliches Kolorit? Andererseits hat Mann zum Gebrauch der Sprache in dem Werk geäußert: „Die Sprache steht über den Sprachen."

Antwort: Zwei (allerdings umstrittene) Rollen lassen sich für die ungewohnte Sprache im *Erwählten* nachweisen. Einmal handele es sich um einen „Sprach-Jux", wie Thomas Mann selbst seine Sprachvermischung in einem Brief an Hermann Hesse genannt hat. Die Literaturkritik hat dann vielfach den Jux als „Sprachverhunzung" bezeichnet, während Thomas Mann den Jux eher ironisch gemeint hat, denn es war ihm mit seinen „Sprachscherzen" ernst, so wie Goethe bei seinem *Faust* von ernsten Späßen gesprochen hat. Für Thomas Mann wurde es im Laufe der Zeit wichtiger, beim Leser nicht nur mit Ironie und Parodie aufzuwarten, sondern er wollte seine Hörer lachen sehen, wie bei der Musterungsepisode im *Felix Krull*. Im Selbstkommentar schreibt Mann, dass *Der Erwählte* „viel gescholten worden sei," und zwar „hauptsächlich wegen der Späße, die ich mir darin mit dem Fromm-Legendären erlaube." Aber ein nachdenklicher Mensch „verkennt nicht den verschämten Ernst, mit dem diese späte und gewiss letzte Version der oft erzählten Geschichte die Idee von Schuld und Gnade in aller Humoristik rein bewahrt."

Zum zweiten haben einige Kommentatoren vermutet, man könne den *Erwählten* auch als Exilroman auffassen und darin Verarbeitungen von Gefühlen der Heimatlosigkeit, Isolierung und Sprachverwirrung sehen, die, wie Gregorius im Roman, auch Thomas Mann erfahren habe. Mann selbst hat diesen autobiographischen Aspekt von sich gewiesen: „Die Sprachscherze haben mit meinem Exilanten-Schicksal nichts zu tun (...). Ich konnte mir das übernationale Mittelalter, das ich da improvisierte, einfach nicht anders als sprachlich buntscheckig vorstellen. (...) Es ist eine humoristische Idee, über die sich nur ärgert, wer überhaupt keinen Spaß versteht."

Hier sind drei Hilfen zum Sprachverständnis:

1. Christina Flach: „Der Aspekt der Montagetechnik in Thomas Manns *Der Erwählte*", Studienarbeit von 2006, Grin.

2. Selbstkommentare: *Der Erwählte* Thomas Mann, Hans Wysling, Marianne Fischer, S. Fischer Verlag, 1989.

3. Carsten Bronsema: „Thomas Manns Roman *Der Erwählte*: Eine Untersuchung zum poetischen Stellenwert von Sprache, Zitat und Wortbildung," Dissertation 2005. Diese Arbeit ist im Internet von der Universität Osnabrück kostenlos erhältlich. Siehe in dieser Dissertation besonders Kapitel 5, das in einem Stellenkommentar von etwa 100 Seiten die ungewöhnlichsten Wörter alphabetisch auflistet, ihre Quellen angibt und sie etymologisch (oder historisch) erklärt und übersetzt - von Aalraupe über Baduhenna bis Wachgesicht und, als letztes Wort, zuckrasch.

Bekenntnisse des Hochstaplers Felix Krull

Auch heute noch tragen Ausgaben der *Bekenntnisse* den Zusatz „I" oder „Erster Teil". Thomas Mann hatte sich zwar einige Notizen darüber gemacht, wie er den Roman fortzuschreiben gedachte, aber einen ernsthaften Plan gab es nicht mehr: Thomas Mann war fast achtzig Jahre alt. Die Idee aber war zu verführerisch, und es gab Fortsetzungen aus zweiter Hand.

Versuchte Fortsetzungen

1. Die erste Fortsetzung *War ich wirklich ein Hochstapler?* wurde 1958 bei Herbig veröffentlicht. Der Autor war ein gewisser „Hans Peter Dorn", Pseudonym für Walter Thomas, der noch einen zweiten Künstlernamen führte: W. Th. Andermann. Man kann über seine Karriere bei Wikipedia nachlesen. Das Buch, das vom SPIEGEL als „literarisch anspruchslos" bezeichnet wurde, ist über

Amazon erhältlich. Der S. Fischer Verlag zwang den Herbig-Verlag zur Ausmerzung aller direkten Krull-Anklänge.

2. Der bekannteste Versuch *Olympia* (1961) war keine direkte Fortsetzung, sondern ein Roman um Krulls Schwester Olympia. Der Verfasser, Robert Neumann, hatte sich mit seinen literarischen Parodien *Mit fremden Federn* einen Namen gemacht, einem zweibändigen Werk, das Thomas Mann ausdrücklich gelobt hat. Der Fischer-Verlag, zusammen mit Tochter Erika und Witwe Katia, prozessierten lange mit Neumann. Einige Sätze wurden am Ende in der zweiten Auflage getilgt. Die Presse berichtete ausführlich über den Plagiatsstreit.

3. Erich Maletzke veröffentlichte 1987 eine Fortsetzung unter dem Titel *Ich kannte Felix K.* In diesem Fall hatte der Fischer Verlag nichts einzuwenden, nur durfte der Name „Krull" nicht im Titel erscheinen. Im Buch selbst kommt Felix Krull vor, auch Thomas Mann wird erwähnt.

In den *Thomas Mann Studien*, Bd. V, hat Hans Wysling die Notizen dokumentiert, die Thomas Mann selbst zum *Krull* und einer möglichen Fortsetzung gemacht hatte. Diese Notizen hat Wysling auch in einem Essay benutzt: „Thomas Manns Pläne zur Fortsetzung des ‚Krull'" in *Thomas Mann Studien*, Bd III.

Ein nachgelassenes Kapitel über die Twentymans

Frage: Wo finde ich die Alternativfassung zum „Kilmarnock Twentyman-Kapitel"?

Antwort: Die in der Endfassung ausgelassene Szene, in der Mr. Twentyman dem jungen Felix seine Schwäche für hübsche junge Männer gesteht, ist zuerst erschienen als „Ein nachgelassenes Kapitel aus ‚Felix Krull'", in: *Die neue Rundschau*, vol. 68 (1957), no.2, 181-6. Besser zugänglich ist dieses „nachgelassene" Kapitel im Kommentarband der GKFA der *Bekenntnisse des Hochstaplers Felix Krull*, hg. von Thomas Sprecher und Monica Bussmann (2012). Tochter Erika drängte ihren Vater, die Avancen des Mr. T. im Endmanuskript wegzulassen: Brief vom 10.2.1954, abgedruckt in *Thomas-Mann-Studien* 5, S. 522f.: „Ich bin in harten inneren Kämpfen zu der Überzeugung gelangt, daß Twentyman fallen müsse."

Im oben genannten Kommentarband gibt es auch mehr zu Lord Kilmarnock sowie dem Urbild der Eleanor Twentyman, einem jungen Mädchen mit Namen Cynthia Sperry, dem Thomas Mann begegnet war. Die Geschichte dieser Begegnung wird von Elisabeth Galvan im *Thomas Mann Jahrbuch* 2010 (23), 159-168, nacherzählt. Dieser unterhaltsame Aufsatz ist bei thomasmann.de auch online einsehbar.

3
Erzählungen

Zur Orientierung: Seine erste veröffentlichte Erzählung „Gefallen" verfasste der 19-jährige Thomas Mann heimlich während seiner nicht lange dauernden Anstellung bei einer Feuerversicherung. Wie fast alles später Geschriebene enthält sie bereits autobiographische Züge und bleibende Themenmotive. Obwohl ihm dieses kleine Werk beim Publikum Applaus und bei der Kritik einiges Ansehen einbrachte, verurteilte Mann „Gefallen" später als „Früchtchen, das einem den Mund zusammenzieht vor Unreife". Künstlerisch und auch persönlich wichtiger war für ihn die Erzählung „Der kleine Herr Friedemann" von 1897. Die zwei Jahre nach den *Buddenbrooks* geschriebene Novelle „Tonio Kröger" von 1903 wurde von vielen als Thomas Manns literarische Programmschrift gelesen. Thomas Manns nannte sie sein „literarisches Lieblingskind". Ein weiterer Meilenstein war „Der Tod in Venedig" von 1912 – das homoerotische Motiv ist nicht mehr versteckt, die von Nietzsche inspirierte Antithese von apollinischer Ratio und dionysischem Rausch bleibt auch später in seinem Repertoire. Nach der Wagner-Parodie (wenn es denn eine ist) mit dem Titel „Wälsungenblut" von 1921 und der autobiographischen Novelle „Unordnung und frühes Leid" von 1925 konzentrierte sich Thomas Mann fast ausschließlich auf Romane, beginnend mit dem *Zauberberg* von 1924. Die letzte seiner Erzählungen, „Die Betrogene" aus dem Jahr 1953, hat er ein „Nachspiel" genannt.

Der kleine Herr Friedemann

Heimsuchung

Frage: Worum geht es in dieser Erzählung?

Antwort: In der autobiographischen Notiz „On Myself", einem Vortrag, gehalten am 2. und 3. Mai 1940 an der Princeton University, kommentiert Thomas Mann: „Die Hauptfigur ist ein von der Natur stiefmütterlich behandelter Mensch, der sich auf eine klug-sanfte, friedlich-philosophische Art mit seinem Schicksal abzufinden weiß und sein Leben ganz auf Ruhe, Kontemplation und Frieden abgestimmt hat. Die Erscheinung einer merkwürdig schönen und dabei kalten und grausamen Frau bedeutet den Einbruch der Leidenschaft in dieses behütete Leben, die den ganzen Bau umstürzt und den stillen Helden selbst vernichtet."

Kritiker und Exegeten haben darauf hingewiesen, dass hier zum ersten Mal die von Mann selbst so genannte „Heimsuchung" als Hauptmotiv auftritt, das plötzliche Einbrechen einer ekstatischen Leidenschaft in ein sonst behütetes und geregeltes Leben. Friedemanns Ekstase gilt der schönen rothaarigen Gerda von Rinnlingen. Seine Leidenschaft wird enttäuscht, und der kleine Herr Friedemann nimmt sich das Leben.

Es gibt später weitere „Heimsuchungen" in Thomas Manns Werk: Aschenbach beim Anblick Tadzios im „Tod in Venedig"; Joseph und Potiphar in *Joseph in Ägypten*; Anna Rainer und der Bajazzo (obwohl hier das Hauptmotiv wohl eher ein fehlgeschlagener Dilettantismus ist, den Mann auch bei sich selbst sieht); Hans Castorp im *Zauberberg* angesichts der bloßen Arme Clawdia Chauchats (auch hier mischen sich viele andere Motive und Themen); Amra und Rechtsanwalt Christian Jacoby in „Luischen"; Leverkühns Begegnung mit Esmeralda, als sie ihm die Wange streichelt.

Zur Entstehung

Frage: Kann man die Erzählung „Der kleine Herr Friedemann" besser verstehen, wenn man den Kontext kennt, in dem sie geschrieben wurde?

Antwort: „Der kleine Herr Friedemann" ist zwischen Mai und Spätsommer 1896 in Italien entstanden und 1897 veröffentlicht worden. Thomas Mann hatte Fontanes *Effi Briest* gelesen, und der stille, kunstliebende Apotheker Alonso Gieshübler könnte ein Vorbild für Friedemann gewesen sein. Thomas Mann selbst verbirgt sich in dem Namen Friede„mann". (Für mehr dazu, siehe den Stellenkommentar in der GKFA.)

Da sie in Italien und innerhalb weniger Wochen geschrieben wurde, ist unklar, ob die Erzählung Ausdruck einer tieferliegenden intellektuellen oder emotionalen Krise war. Es gibt zwar unüberhörbare Anklänge an Nietzsche und man wäre versucht, Freud heranzuziehen; aber Freud hatte gerade eben erst das Wort Psychoanalyse geprägt, und Thomas Mann wusste zu der Zeit nichts davon. Auch von der Politik jener Zeit (Kaiser Wilhelm II) scheint kaum etwas Bemerkenswertes in die Novelle eingegangen zu sein. Friedemann ist Hobby-Ästhet, dilettiert auf der Geige, geht ins Theater und hat sich auf ein ruhiges Leben eingerichtet, das nicht durch ungebändigte Leidenschaften gestört wird – ohne Bezug auf ein zeitgeschichtliches Umfeld, will mir scheinen. Vielmehr offenbaren sich hier zum ersten Mal die für Thomas Manns Leben und Kunst typischen Begriffe wie „Heimsuchung" und der ganze „Ur-Kram" – siehe dazu Hermann Kurzkes Biographie *Thomas Mann – Das Leben als Kunstwerk*, S. 84-91.

Die Hungernden

Künstler sein oder Mensch

Frage (aus Amerika): Woher kommt das folgende Zitat: "You're not allowed to be - you have to look! You're not allowed to live - you have to create! You're not allowed to love - you have to know! Only once being amongst you, in you, being you, you living!"

Antwort: Diese Worte stehen in der Erzählung „Die Hungernden" von 1902. Hier sind sie noch einmal im Original und im Kontext:

„Ach, einmal, nur einmal eine Nacht wie diese, kein Künstler sein, sondern ein Mensch! Einmal dem Fluche entfliehen, der da unverbrüchlich lautet: Du darfst nicht sein, du sollst schauen; du darfst nicht leben, du sollst schaffen; du darfst nicht lieben, du sollst wissen! Einmal in treuherzigem und schlichtem Gefühl leben, lieben und loben! Einmal unter euch sein, in euch sein, ihr sein, ihr Lebendigen! Einmal euch in entzückten Zügen schlürfen – ihr Wonnen der Gewöhnlichkeit!"

„Die Hungernden" wird manchmal als Vorstudie zu „Tonio Kröger" gesehen. Das Thema eines Künstlers, dem die Fähigkeit zu lieben abgeht oder verboten ist, erscheint mehrfach bei Thomas Mann. Das berühmteste Beispiel ist das Kapitel XXV im *Doktor Faustus*, wo der Teufel nach einem langen Zwiegespräch mit Leverkühn einen Pakt vorschlägt unter der Bedingung „Du darfst nicht lieben."

Das Wunderkind

Das Künstlerproblem

Frage: Was ist das Problem des Künstlers im „Wunderkind", verglichen mit „Der kleine Herr Friedemann"?

Antwort: Zum „Wunderkind" gibt es im Forum von thomasmann.de unter WISSENSCHAFT UND LITERATURKRITIK eine 15-seitige Interpretation von Tobias Kurwinkel: „Positives Außenseitertum: Thomas Manns *Wunderkind* als Geliebter Apolls." (Kann auch auf Kurwinkels Webseite kurwinkel.de eingesehen und herunter geladen werden.) Der Kritiker in der Erzählung fasst das hier am jungen Bibi Saccellaphylaccas dargestellte Künstlerbild so zusammen: „Als Einzelwesen hat er noch ein Ende zu wachsen, aber als Typus ist er ganz fertig, als Typus des Künstlers. Er hat in sich des Künstlers Hoheit und seine Würdelosigkeit, seine Charlatanerie und seinen heiligen Funken, seine Verachtung und seinen heiligen Rausch."

Dagegen ist die Erzählung „Der kleine Herr Friedemann" für das Künstlerbild Thomas Manns nicht sehr ergiebig. Friedemann ist allenfalls Dilettant auf der Geige, besucht alle Konzerte in der Stadt und geht gerne ins Theater. Thomas Mann nennt ihn einen Genießer, einen „Epikureer". Allerdings führt ihn eine Aufführung des Lohengrin im Stadttheater tiefer in sein Verderben als Epikur es gestattet hätte: Er sieht bei der Aufführung den nackten „runden, mattweißen Arm" der Frau von Rinnlingen auf dem „roten Sammet der Brüstung" der Loge liegen und wird beinahe ohnmächtig vor Entzücken. Ein Künstler wäre heimgegangen und hätte aus dem Gesehenen ein Gedicht gemacht oder eine Statue gemeißelt; denn für einen Künstler gilt Detlefs Seufzer aus „Die Hungernden" als Devise: „Du darfst nicht sein, du sollst schauen; du darfst nicht leben, du sollst schaffen; du darfst nicht lieben, du sollst wissen!"

Tonio Kröger

Kunst und Leben

Frage: Was ist der oft erwähnte Kunstbegriff des Protagonisten in „Tonio Kröger"?

Antwort: „Tonio Kröger" liest sich wie eine Programmschrift, in der die Antithese Kunst versus Leben holzschnittartig in etlichen Variationen wiederholt wird. Am deutlichsten wird der Gegensatz in Tonios Gespräch mit Lisaweta. Ein Künstler dürfe nicht mitempfinden: „Jeder echte und aufrichtige Künstler lächelt über die Naivität dieses Pfuscher-Irrtums, – melancholisch vielleicht, aber er lächelt. Denn das, was man sagt, darf ja niemals die Hauptsache sein, sondern nur das an und für sich gleichgültige Material, aus dem das ästhetische Gebilde in spielender und gelassener Überlegenheit zusammenzusetzen ist. Liegt Ihnen zu viel an dem, was Sie zu sagen haben, schlägt Ihr Herz zu warm dafür, so können Sie eines vollständigen Fiaskos sicher sein. Sie werden pathetisch, Sie werden sentimental, etwas Schwerfälliges, Täppisch-Ernstes, Unbeherrschtes, Unironisches, Ungewürztes, Langweiliges, Banales entsteht unter Ihren Händen (...); künstlerisch sind bloß die Gereiztheiten und kalten Ekstasen unseres verdorbenen, unseres artistischen Nervensystems. (...) Begabung für Stil, Form und Ausdruck setzt bereits dies kühle und wählerische Verhältnis zum Menschlichen, ja, eine gewisse menschliche Verarmung und Verödung voraus. Denn das gesunde und starke Gefühl, dabei bleibt es, hat keinen Geschmack. Es ist aus mit dem Künstler, sobald er Mensch wird und zu empfinden beginnt."

Als Tonio sich trotzdem nach dem Warm-Menschlichen sehnt, den „Wonnen der Gewöhnlichkeit", nennt Lisaweta ihn einen „verirrten Bürger". Tonio stimmt zu: „Ich danke Ihnen, Lisaweta Iwanowna; nun kann ich getrost nach Hause gehn. Ich bin erledigt."

Am Ende bleibt Tonio kühl, ironisch, gespalten: „Ich stehe zwischen zwei Welten, bin in keiner daheim und habe es infolgedessen ein wenig schwer." Ganz wie Thomas Mann zu jener Zeit, 1903.

Künstlertum und Krankheit

Frage: ... und das Künstlerproblem in anderen Erzählungen?

Antwort: Weiteres zu Thomas Manns frühe Position zur Kunst und zum Künstler:

Schon 1897, im „Bajazzo", versucht Thomas Mann, den wahren Künstler vom Amateur und Dilettanten zu unterscheiden. Danach, in „Das Wunderkind", „Die Hungernden", „Tonio Kröger" (alle drei 1903), wird mehr über den Künstler als über die Kunst gesprochen. Der Künstler ist der Außenseiter, der im Widerspruch zwischen dem „gewöhnlichen" Leben und den „Gereiztheiten und kalten Ekstasen unseres artistischen Nervensystems" lebt, der sich aber trotzdem nach den „Wonnen der Gewöhnlichkeit" sehnt. Auch in den späteren Werken bleibt die Kunst, wenn nicht fragwürdig, so doch zweideutig. Wie vorher Geist und Natur, Kunst und Leben, so fallen jetzt das Ästhetische und das Ethische auseinander – siehe die Gesprächen zwischen Castorp und Settembrini im *Zauberberg*: nun nicht mehr über Literatur wie im „Tonio Kröger", sondern über Musik. Im *Doktor Faustus* (1947) wird der Ausnahmezustand der Krankheit, die im *Zauberberg* (und „Tristan") noch vielerlei Rollen spielt, als „Form der Liederlichkeit", als „verwandelte Liebe", als Mittel zur „Vergeistigung des Menschen" für die Kunst in Anspruch genommen, die Todeskrankheit als Preis für geniale Kunst. Leverkühn verspricht sich eine „Genialisierung durch Krankheit" und, infiziert mit der Syphilis, schreibt seine Meisterwerke. Vorausgegangen war der Pakt mit dem Teufel, dem Leverkühn seine Seele vermachen und auf Liebe verzichten muss: „Liebe ist dir verboten, insofern sie wärmt. Dein Leben soll kalt sein -" So ähnlich hatte schon Tonio Kröger geredet: „Die Begabung zu Stil, Form und Ausdruck setzt bereits dies kühle und wählerische Verhältnis zum Menschlichen, ja, eine gewisse menschliche Verarmung und Verödung voraus."

Der Tod in Venedig

Schönheit und Eros

Frage: Wie lautet das folgende Zitat im deutschen Original?

"For I must tell you that we artists cannot tread the path of Beauty without Eros keeping company with us and appointing himself as our guide."

Antwort: Dies ist David Lukes Übersetzung von: „Denn du musst wissen, dass wir Dichter den Weg der Schönheit nicht gehen können, ohne dass Eros sich zugesellt und sich zum Führer aufwirft."

Das Zitat stammt aus dem 5. Kapitel der Erzählung „Tod in Venedig", zwei oder drei Seiten vom Schluss. Thomas Mann paraphrasiert und adaptiert hier für seine Zwecke Teile aus Platons Dialog „Phaidros" über Liebe und Schönheit. Ein sehr ausführlicher Stellenkommentar, dazu auch Thomas Manns Arbeitsnotizen, eine Diskussion der Quellen und vieles mehr sind enthalten in der GKFA Ausgabe des „Tod in Venedig".

Einige der populärsten, ins Englische übersetzten Thomas-Mann-Zitate findet man bei Wikiquote. Dort sind auch die Quellen angegeben. Die Liste auf der entsprechenden deutschen Seite Wikiquote ist leider sehr viel kürzer. Das obige Zitat ist dort nicht verzeichnet.

Liebe und Erkenntnis

Das Problem: Gegen Ende des vierten Kapitels des „Tod in Venedig" verfertigte Thomas Mann einen tiefschürfend klingenden Aphorismus, der „logisch" scheint, aber meines Erachtens in der Gesamtkomposition nicht passt. Das Zitat:

„Denn der Mensch liebt und ehrt den Menschen, solange er ihn nicht zu beurteilen vermag, und die Sehnsucht ist ein Erzeugnis mangelhafter Erkenntnis."

Antwort A: Auf den ersten Blick scheint der Satz logisch – ein Fazit des Umstandes, dass Aschenbach und Tadzio sich dauernd sehen, Aschenbach über Tadzio phantasiert, aber die Erfüllung seiner Sehnsucht nicht nur unmöglich ist, sondern die Spannung zwischen Aschenbachs apollinischer Haltung und seiner neuen dionysischem Haltlosigkeit zerstören würde: Die Novelle wäre zu Ende. So ähnlich auch Kurzke in seinem sehr prägnanten Buch *Thomas Mann: Epoche, Werk, Wirkung*, S. 127: „Die Sehnsucht beruht auf einer Illusion, auf einem Erkenntnisverzicht. Aschenbachs Liebe ist deshalb nicht auf Erfüllung angelegt, weil jede Erfüllung die Erkenntnis des Partners mit sich bringt, das erkennende Durchschauen aber die Liebe zerstört. Der Mensch liebt nur, solange er nicht weiß – so die Logik des Textes."

Logik? Oberflächlich vielleicht, wenn „erkennen" hier im biblischen Sinne gemeint ist. „Erkennen" entspannt die Liebenden, wer weiß das nicht? Aber etwas stimmt nicht. Thomas Mann spricht nicht nur von Liebe, sondern auch von Ehre: „Der Mensch (...) *ehrt* den Menschen, solange er ihn nicht zu beurteilen vermag." Also Respekt nur, wenn wir nicht urteilen können? Eine naheliegende Erwiderung wäre: „Im Gegenteil: Nur wenn man sich respektiert, kann man sich ehren (und vielleicht sogar lieben)." Ein solcher Gedanke wäre nicht un-Mann-isch. Und noch etwas: Warum „mangelhafte" Erkenntnis? Welches Manko muss die Erkenntnis, vor allem die körperlich-biblische, haben, um als Sehnsucht zu gelten?

Logik und dionysische Heimsuchung

Antwort B: Wenn Kurzkes Interpretation richtig wäre, dann müsste man Thomas Mann nur ein paar schmuddelige Formulierungen ankreiden: „... und ehrt"? „mangelhafte Erkenntnis"? Das hochtrabende „ ... nicht zu beurteilen vermag" statt „nicht beurteilen kann". Muss „und die Sehnsucht ..." nicht besser „denn die Sehnsucht ..." heißen?

Es gibt aber eine schwerwiegendere Unstimmigkeit.

Unmittelbar vor dem Aphorismus-Paragraphen hat Aschenbach zwei traumhafte Visionen: Er sieht einen mit griechischen Mythen hymnisch gespickten Sonnenaufgang und einen lyrischen Tagtraum, in dem Zephyr den schönen Hyakinthos aus Eifersucht tötet. Dieser gefühlsgeladenen Szene, die in gehobener Sprache endet: „ die Blume, dem süßen Blute entsprossen, trug die Inschrift seiner unendlichen Klage . . .", folgt plötzlich mit dem oben angeführten „Denn (...)"-Satz eine recht nüchterne apollinisch-logische Erklärung des sorgfältigen Abstands zwischen Aschenbach und Tadzio.

Dass dies nicht etwa ein kunstvoller Kontrast ist, sondern künstlerisch und stilistisch nicht passt, wird besonders klar dadurch, dass sich unmittelbar nach jener angeblich logischen Erklärung die Begegnung ereignet, in der Aschenbach sich zu noch höherer ästhetischer Bewunderung aufschwingt und in einer unlogischen dionysischen Ekstase eines das Unmögliche, Absurde Liebenden endet. Zuerst das Andante con dolore: „Er war schöner, als es sich sagen läßt, und Aschenbach empfand wie schon oftmals mit Schmerzen, daß das Wort die sinnliche Schönheit nur zu preisen, nicht wiederzugeben vermag." Dann, im Allegro amoroso, geschah es „daß Tadzio lächelte: ihn anlächelte, sprechend, vertraut, liebreizend und unverhohlen, mit Lippen, die sich im Lächeln erst langsam öffneten ...," wonach Aschenbach alle Logik aufgibt, teneramente und morendo, zärtlich ersterbend: „ ... überwältigt und mehrfach von Schauern überlaufen, flüsterte er die stehende Formel der Sehnsucht, – unmöglich hier, absurd, verworfen, lächerlich und heilig doch, ehrwürdig auch hier noch:

»Ich liebe dich!«"

In diesem Kontext, umgeben auf der einen Seite von gehobener Sprache („Blüte, dem süßen Blute entsprossen") und auf der anderen von dionysischer Heimsuchung („von Schauern überlaufen") wirkt der „logische" Aphorismus nicht nur unlogisch sondern auch fehl am Platz.

Gustav von Aschenbach und Thomas Mann

Frage: Simuliert (imitiert, parodiert) Aschenbach die Arbeitsweise Thomas Manns?

Antwort: Viele Parallelen zwischen Thomas Mann und Aschenbach werden im GKFA Kommentarband zum „Tod in Venedig" aufgeführt und im Stellenkommentar belegt. Dazu gehört auch die Arbeitsweise, die Thomas Mann von sich auf seinen Protagonisten überträgt. Beide sind „auf die Leistung (...) verpflichtet", wofür Thomas Mann etwas später die Bezeichnung „Leistungsethiker" prägt, der gemäß dem Imperativ „Durchhalten!" lebt. Seine im Schlaf gesammelten Kräfte brachte Aschenbach „in zwei oder drei inbrünstig gewissenhaften Morgenstunden der Kunst zum Opfer dar" – wie Thomas Mann auch: „Ich arbeite vormittags, etwa von neun bis zwölf oder halb ein Uhr." Aschenbach bringt seine Werke nicht als großen Wurf, nicht als „Erzeugnis gedrungener Kraft und eines langen Atems" hervor, sondern komponiert sie „in kleinen Tagewerken aus aberhundert Einzelinspirationen." So auch Thomas Mann: „„Der Einfall als Überfall ist mir unbekannt." Beide sind Helden des *Trotzdem* – sie tun ihre Arbeit *trotz* der großen Mühen, mit Disziplin und Willenskraft, sozusagen mit „geschlossener Faust". Das nannte Thomas Mann „tapfer-sittlich".

Während jedoch Aschenbach „seinen Tag beizeiten mit Stürzen kalten Wassers über Brust und Rücken" begann, badete sich Thomas Mann weniger spartanisch in einer bequemen Wanne mit warmem, duftendem Wasser.

Gemein haben beide den Ehrgeiz, mit den angefangenen Arbeiten auch immer fertig zu werden: „Zumal seit sein Leben sich langsam neigte, seit seine Künstlerfurcht, nicht fertig zu werden, (...)

nicht mehr als bloße Grille von der Hand zu weisen war (...)." Ironischerweise lässt Thomas Mann seine eigenen unfertigen Arbeiten (Maja, die Biographie Friedrich des Großen, die Erzählung „Ein Elender") von Aschenbach vollenden.

Der Tod in Rom und „Der Tod in Venedig"

Nicht nur im Titel *Der Tod in Rom* spielt der Roman von Wolfgang Koeppen auf Thomas Manns Novelle „Der Tod in Venedig" an. Koeppens Roman ist eine komplexe Umarbeitung und Umwertung von „Der Tod in Venedig", was sich schon dadurch andeutet, dass der berühmte letzte, an Mahler gemahnende Satz: „Und noch desselben Tages empfing eine respektvoll erschütterte Welt die Nachricht von seinem Tode" ein Motto von *Der Tod in Rom* ist, dessen letzter Satz dann aber parodistisch so lautet: „Die Zeitungen meldeten noch am Abend Judejahns Tod, der durch die Umstände eine Weltnachricht geworden war, die aber niemand erschütterte". Der Schriftsteller Gustav Aschenbach, der in Tadzio „das Schöne selbst" liebt, hat sein unbürgerliches Gegenüber im homosexuellen Musiker Siegfried Pfaffrath, Tonsetzer wie Leverkühn im *Doktor Faustus*, Musiker wie Aschenbach in Visconis Film. Siegfried vermeint ein Double Tadzios zu sehen, lässt sich dann aber mit einem hässlichen Strichjungen ein. Aschenbach kann sich kaum Vorwürfe machen, findet Trost bei Platon und *träumt* lediglich vom dionysischen Rausch. Siegfried dagegen findet keinen Trost, hat sich Einiges vorzuwerfen und resümiert: „Ich hasste mich. Der Ekel war mit mir allein in der Zelle ... Es war Lust und Vergangenheit, die ich empfand, es war Erinnerung und Schmerz, und ich hasste mich".

Es lassen sich leicht noch mehr Anspielungen und Kontraste finden.

In „Die Beschwörung der Liebe" (zuerst in der FAZ, 2. Juli 1980, veröffentlicht) widerspricht Koeppen Thomas Manns Träumerei mit dem Schlachtruf nach Wirklichkeit: „Kein Platon, kein Streben nach der Welt der Idee, kein Phaidros mehr. Realität!" (S. auch Wolfgang Koeppen: *Die elenden Scribenten. Aufsätze*, 1981.)

Liebestod auf Long Island

Vor einigen Jahren wurde ein Roman des britischen Autors Gilbert Adair ins Deutsche übersetzt. Der Titel ist *Der Tod des Autors.* Autoren leiden bekanntlich unter dem Wahn, dass Leser es interessant finden, wenn Autoren über Autoren schreiben. Dieser Roman ist aber pfiffig gemacht und enthält eine Anspielung auf den Tod des Literaturtheoretikers Paul de Man, dessen Dekonstruktivismus den Tod „des Autors" (jedes Autors) zum Thema und Ziel hatte.

Danach veröffentlichte Adair seinen Roman *Liebestod auf Long Island,* schon im Titel eine offensichtliche Anspielung auf den „Tod in Venedig". Gustav Aschenbach ist hier Giles de'Ath, was zwei Fliegen mit einem Sprachspiel erschlägt: Einerseits haben beide die Initialen G. A. (wie übrigens auch der Autor Gilbert Adair), und andererseits kann man den unwahrscheinlichen Namen „de'Ath" auch als „Death" lesen. Winke mit dem Zaunpfahl. Giles de'Ath ist ein britischer Literat, hat in Cambridge studiert, ist reich, und seine vier Bücher sind in der Reihe „Modern Classics" erschienen. Man denke an Aschenbachs vier Hauptwerke: „Prosa-Epopöe vom Leben Friedrichs von Preußen", „Maja", „Ein Elender", und „Geist und Kunst". Als Giles statt des gewünschten Films „Room with a View" von E. M. Forster irrtümlich in einen Teen Flick gerät, geschieht das für die weitere Handlung Erforderliche: er verliebt sich in den jungen Hauptdarsteller Ronnie Bostock (seinen Tadzio).

In dieser Abkürzung erscheint die Handlungsidee allzu nachgemacht und unecht. Trotzdem: Der Roman hat sprachliche Glanzmomente und viele Leser und manche Kritiker waren angetan. Das Buch ist unter dem Titel „Love and Death in Long Island" recht gut verfilmt worden.

Mario und der Zauberer

Brief an einen Kritiker

Frage: Über das Ende von „Mario und der Zauberer" hat Thomas Mann einen Brief an den Kritiker Otto Hörth geschrieben. Was steht in diesem Brief?

Antwort: Der Brief ist abgedruckt in *Thomas Mann: Briefe 1889-1936*, S. Fischer Verlag, 1962, Seite 299. Leider kann man den vollständigen Brief nicht im Internet finden. Der wesentliche Ausschnitt:

„Da es Sie interessiert: Der »Zauberkünstler« war da und benahm sich genau, wie ich es geschildert habe. Erfunden ist nur der letale Ausgang: In Wirklichkeit lief Mario nach dem Kuß in komischer Beschämung weg und war am nächsten Tage, als er uns wieder den Tee servierte, höchst vergnügt und voll sachlicher Anerkennung für die Arbeit »Cipollas«. Es ging eben im Leben weniger leidenschaftlich zu, als nachher bei mir. Mario liebte nicht wirklich, und der streitbare Junge im Parterre war nicht sein glücklicherer Nebenbuhler. Die Schüsse aber sind nicht einmal meine Erfindung: Als ich von dem Abend hier erzählte, sagte meine älteste Tochter: »Ich hätte mich nicht gewundert, wenn er ihn niedergeschossen hätte.«"

Die Betrogene

„Sehr kritisierbar"

Thomas Mann hielt „Die Betrogene" für „sehr kritisierbar, aber vieler Rede nicht wert. Was man eben mit 78 noch so zu bieten hat." Er nannte es ein „Nachspiel", das er „nicht sehr hoch halte". Heute, mehrere Jahrzehnte später, ist das „problematische Produkt" nicht weniger kritisierbar. „Vollweiblichkeit" durch die Menstruation zu bestimmen, war schon zwischen den Weltkriegen passé und bereits in den 50er Jahren beleidigend und heute nur noch peinlich. Und ob die üblen Streiche, die die „liebe Natur" uns spielt, am besten illustriert werden, indem sich ein blutendes Krebsgeschwür als Anzeichen von Verliebtheit verstellt, ist höchst fragwürdig. Dass die Frau der Natur am Ende verzeiht, ist dramatisch schwach: die Heimsuchung verpufft.

Für mich ist „Die Betrogene" vor allem sprachlich mangelhaft und reizlos. Thomas Mann ist hier sein eigener Epigone – oder Parodist. Schon früh wird man an seine erste Erzählung „Gefallen" erinnert. Im Detail gibt es dann alte Tricks und Aufgewärmtes. Gleich zu Anfang imitiert die Wendung „in bequemen, wenn auch nicht üppigen Verhältnissen" den witzigeren und originelleren Ausdruck „aus feinbürgerlichem, wenn auch liederlichem Hause" des Hochstaplers, an dem Thomas Mann zur selben Zeit arbeitete. Rosalies leitmotivische „Neigung zur Nasenröte" hat viele Vorgänger, wo körperliche Behinderungen auf psychische Labilität hinweisen, etwa das Kopfzittern von Lotte in Weimar. Eine weitere Imitation: Ken Keaton erinnert mit seinem „harmlos freundlichen Jungengesicht" an die Jungmänner-Galerie mit Hermes-Beinen, vor allem aber an Klaus Heuser, dem hier wohl ein fragwürdiges Denkmal gesetzt werden sollte. Die „Erschütterung gar", die Rosalie zwei Seiten später erfährt, als sie Kens nackten Arme sieht, „sehr ansehnliche, runde, kräftige, weiße junge Arme", verblasst gegen die glaubwürdigere Erschütterung Aschenbachs beim Anblick Tadzios.

Immerfort taucht schon Gehabtes wieder auf. „Großer Gott, ich liebe ihn ja, liebe ihn" aus „Die Betrogene" ist purer Paul Ehrenberg, dem Thomas Mann im Tagebuch vom 6. Mai 1934 nachgerufen hatte: „Ich liebe dich – mein Gott, – ich liebe dich." Der rothaarige Schiffer mit den Ohrringen erinnert an Aschenbachs Venedigfahrt, und die schwarzen Schwäne sind nicht sehr subtil kodierte Todesboten. Bisweilen verfällt Thomas Mann in einen lyrischen Rhythmus: „Wackerer Alter, kannst Du's ohne Rührung ...", poliert Flaues durch ein Schiller-Zitat aus „Kabale und Liebe" auf und veredelt das Geschehen mit einem Hinweis auf Amor und Psyche. Der Dialog zwischen Rosalie und ihrer Tochter ist stilisiert, klassizistisch, unrealistisch, vorgeblich, um „dem Peinlich-Vertraulichen Form und eine gewisse ästhetische Höhe" zu verleihen (sagt Thomas Mann). Aber eigentlich wirkt die Höhe wie luftleerer Kitsch, der auch durch ein mundartliches „Da is wat am kommen" nicht humorvoller wird. Der Schluss erinnert nochmals an den „Tod in Venedig". „Rosalie starb einen milden Tod, betrauert von allen, die sie kannten." Aschenbach stirbt in vornehmerer Sprache: „Und noch desselben Tages empfing eine respektvoll erschütterte Welt die Nachricht von seinem Tode."

Was die Gelehrten sagen: Vaget ist in seinen „Erklärungen" ausführlich und fair. Kurzke sagt lieber (fast) nichts in seiner Mann-Biographie und in *Epoche – Werk – Wirkung*. Alan D. Latta hat Artikel über die populäre und akademische Rezeption der Novelle geschrieben, z.B.: „The Reception of Thomas Mann's *Die Betrogene*." Werner Wienand diskutiert die Erzählung im Verhältnis zur Gnade in „Größe und Gnade: Grundlagen und Entfaltung des Gnadenbegriffs bei Thomas Mann."

Quellen

Frage: Aus welchen Quellen hat Thomas Mann für „Die Betrogene" geschöpft, insbesondere für medizinische Details?

Antwort: Thomas Mann hatte beim Schreiben nicht nur dieser Erzählung sicherlich eine Menge Notizen über Bäume und Pflanzen zur Hand. Der Krokus blüht schon früher bei ihm (z.B. im *Zauberberg*), Bäume spielen im *Joseph* eine mehr als atmosphärische Rolle. Der schwüle Geruch von Jasmin kommt schon in „Der kleine Herr Friedemann" vor. Für die Botanik in „Herr und Hund" hatte ihm sein Nachbar, der Biologiedozent Karl Gruber, Hilfestellung geleistet. Dort heißt es beispielsweise: „Es gibt da Schluchten, ganz angefüllt mit Holunder-, Liguster-, Jasmin- und Faulbaumgebüsch, so dass an qualmigen Junitagen die Brust den Duft kaum zu bergen weiß." „Die Betrogene" kennt auch eine Schlucht, „auf ihrem Grunde dicht bewachsen mit Jasmin- und Faulbaumgesträuch, von dem an feucht-warmen, zum Gewitter neigenden Junitagen ganze

Schwaden, Wolken erwärmten Wohlgeruchs beinahe betäubend emporquollen." Yahya Elsaghe gibt in seinem Aufsatz „Vom blinden Genuss betäubender Düfte" im Magazin *Aurora* als weitere Quelle Johann Jakob Bachofen an.

Die medizinische Quellenvorlage, die Thomas Mann in seiner Manier des „Höheren Abschreibens" benutzte, war „Zur Physiologie und Pathologie der Eierstöcke im Zusammenhang mit Erscheinungen in den Wechseljahren", das Dr. F. Rosenthal ihm zugesandt hatte. Arnaldo Benini zitiert daraus in seinem Artikel „Die skandalöse Parabel. Thomas Manns Erzählung »Die Betrogene«," in den *Thomas-Mann-Studien*, Band 33, hg. Thomas Sprecher (2005). Einen Teil kann man als Google-Buch lesen. Weitere Zitate und fachmännische Kommentare bietet Professor Dr. med. J. Dietl im Ärzteblatt (s. dort den archivierten Artikel 31105).

Der wikipedia Artikel „Die Betrogene" und Hans Vagets Beitrag im *Thomas Mann Handbuch* (2005), S. 610-618 sind sehr informativ. Ausführlicher ist Yahya Elsaghes *Krankheit und Matriarchat. Thomas Manns Betrogene im Kontext*, de Gruyter, 2010.

Fiorenza

Die „Gladius Dei" Epoche

Frage: Wodurch wurde Thomas Mann zum Drama „Fiorenza" motiviert?

Antwort: Am Ende des Wikipedia-Artikels über „Gladius Dei" gibt es einen Link zu einem Artikel von Wolf Wucherpfennig über „München um 1900, durchleuchtet von Thomas Mann". Sein Thema: „Kann der kurze Blick auf Thomas Manns Text uns helfen, dem München der letzten Jahrhundertwende auf die Spur zu kommen? Seine Erzählung soll uns als eine Art Röntgenapparat dienen, der in Bild und Geschichte die ambivalente Reaktion auf die Moderne erkennbar macht. Die Ambivalenzen, denen uns der Modernisierungsprozeß aussetzt, lassen uns deutlicher als früher erkennen, was große Dichtung schon immer vollbracht hat, nämlich die

Ambivalenzen des Lebens nicht in Gegensätze aufzulösen - das macht Trivialliteratur -, sondern sie uns unaufgelöst und doch auf erträgliche Weise nahe zu bringen. Das qualifiziert umgekehrt die Dichtung wieder dazu, die Moderne durchschaubarer zu machen. Nicht nur, indem sie uns auf Einzelheiten des kulturellen Lebens aufmerken läßt, sondern vor allem indem sie uns erkennen läßt, wie diese auf ambivalente Weise miteinander verknüpft sind."

Die hier angesprochene Epoche um 1900 ist aber auch ein Spiegelbild einer Zeit, in der Florenz und Savonarola die Rolle von München und Hieronymus spielen. Damit wird „Gladius Dei" (1902) zur Vorschau und Vorbereitung auf Thomas Manns Drama „Fiorenza" (geschrieben 1903-1905). Dafür hilfreich ist der kurze Abschnitt über „Gladius Dei" von Vaget im *Thomas Mann Handbuch* (2005), Seite 562 unten bis Seite 564 Mitte.

4
Essays

Zur Orientierung: Viele Aufsätze Thomas Manns wurden zuerst als Reden konzipiert und später, erweitert, als Essays in Anthologien veröffentlicht. In der Ausgabe von Hermann Kurzke und Stephan Stachorski füllen die Essays sechs Bände, in der *Großen Kommentierten Frankfurter Ausgabe* GKFA werden es sogar sieben sein. Darunter sind aber auch biographische Skizzen, Rezensionen, Erwiderungen, Erklärungen, Ansprachen, Meinungen, Zeitungsartikel, offene Briefe, Fragmente, Vorworte und andere Kleinigkeiten.Thomas Manns frühe Polemiken gehören auch hierher. Darin erscheint er dünnhäutig und aggressiv, selbstbewusst und doch frustriert. In seinen späteren politischen Aufsätzen findet er dagegen meist wohlgesetzte aber bisweilen auch bissige Worte, wenn er persönlich betroffen ist oder sich durch Kritik beleidigt fühlt. Seine großen Aufsätzen entstanden aus Vorträgen über Goethe, Wagner, Nietzsche, Freud und Michelangelo. Unter den bekanntesten Essays zählen die *Betrachtungen eines Unpolitischen* von 1918 und der „Versuch über Schiller" von 1955. Wenn hier zwar das eher untertreibende Wort „Versuch" an einen Essay im traditionellen Sinn erinnern will, an den Essay als geistreiche, oft auch subjektive und tentative Untersuchung eines Problems, so machen wir beim Lesen doch eine andere Erfahrung. Statt eines Problems ist es fast immer eine „Größe", eine berühmte Person, mit der Thomas Mann sein meist recht grandioses Thema illustriert: Freiheit, Leiden, Kunst, Demokratie. Er analysiert die beispielhafte Person nicht, sondern nähert sich ihr einfühlsam an, immer im Hinblick auf die eigene Person: Bin ich wie Goethe, über den ich gerade rede? Was haben Tschechow und ich gemein? Michelangelo und ich? Worin ist Schiller mir verwandt? Und so lernt der Leser in Thomas Manns Essays am meisten, wenn er genau hinschaut, wie sich Thomas Mann in ihnen spiegelt und was er über sich selbst schreibt. Dies gilt auch für den umstrittenen Mammut-Essay der *Betrachtungen*, wo trotz vieler komplizierter Worte über Abstrakta immer klar ist, dass vor allem *eine* Person gemeint ist: sein Bruder Heinrich, sein Gegenbild.

Polemik

Gut geschriebene Niederträchtigkeiten

Bei Thomas Mann war alles persönlich – sein Werk, seine Politik, und vor allem sein schriftlicher Streit mit denen, die sich ihm gegenüber tadelnd oder kritisch äußerten. Als Vladimir Nabokov in einem BBC-Interview nach seiner Einstellung gegenüber Kritikern gefragt wurde, antwortete er, dass er vermöge seines dicken Panzers von Selbstbewusstsein gegen die widrigen Pfeile ablehnender Kritiker gefeit sei, dass er aber bei Zweifeln an seiner Fachgelehrsamkeit sofort zu seinem schwersten Lexikon greife.

Thomas Mann besaß dagegen eine dünne Haust und griff nie zum gelehrten Lexikon sondern stellte sein eigenes Polemik-Wörterbuch zusammen. Er reagierte empfindlich, wenn ein Kritiker sein jeweils neuestes Werk nicht sofort mit Begeisterung aufnahm. Wenn er sich wirklich gekränkt fühlte, ließ er Ironie, seine „heitere Ambiguität", beiseite und setzte unzweideutige Wort-Geschütze ein, die mit Satire begannen und mit Beleidigung endeten. Satirische Formen kommen zwar bisweilen auch in seinen Büchern vor (Mynheer Peeperkorn als Satire auf Gerhard Hauptmann im *Zauberberg*), sie waren aber nicht Thomas Manns genuines Anliegen. Er gab nichts auf die „zivilisatorische Verulkung", wie sie in Bruder Heinrichs Roman *Der Untertan* praktiziert wird. Das war ihm „zu unhöflich", wie Hermann Kurzke bemerkt. Auch Sarkasmus, Hohn und Spott finden nur selten Eingang in die Werke. Sie kommen aber vor, etwa wenn Tony Buddenbrook über ihren Gatten Bendix Grünlich herzieht.

Thomas Mann ist, vor allem in jüngeren Jahren, menschlich genug, Einwände gegen sein Werk als Urteile persönlicher Unzulänglichkeit aufzufassen und dementsprechend mit einem Schwall von *ad hominem* Anwürfen zu reagieren. Dabei gebraucht er Wörter und Ausdrücke, die sonst kaum bei ihm vorkommen. In dem Pamphlet „Bilse und ich" von 1906 entleiht er für sein Polemik-Wörterbuch aus Meyers Großem Konversations-Lexikon (6. Auflage, 1905) mit sicherem Geschmack für die hochtrabende Verleumdung die Vokabel „Pasqiullant", die er noch erweitert zum „Winkel-Pasquillanten", um den Skandalschriftsteller Fritz Oswalt Bilse, mit dem er – wie taktlos! – öffentlich von dem „ausgezeichneten Rechtsgelehrten" von Brocken verglichen worden war, noch provinzieller erscheinen zu lassen. In Meyers Lexikon heißt es im Auszug:

„Der Ausdruck Pasquill, ursprünglich mehr eine beißende Satire als eine wirkliche Ehrverletzung bezeichnend, rührt von Pasquino, dem Namen einer verstümmelten antiken Statue in Rom, her, an die man, ebenso wie an den sogen. Marforio, satirische Schriften anzuheften pflegte. Pasquino und Marforio wurden dadurch in dem römischen Volksleben zu komischen Figuren, die sich in satirischer Weise miteinander unterhalten, und so wurde der Ausdruck Pasquill oder Pasquinade für derartige Veröffentlichungen überhaupt, namentlich aber für schriftliche und öffentliche Verleumdungen gebräuchlich."

Wenn Thomas Mann hier noch die „beißende Satire" dadurch mildert, dass Pasquino auch eine „komische" Figur war, also eher lächerlich als beleidigend, so lässt er an von Brocken kein gutes Haar, obwohl der Advokat nur darin schuldig zu sprechen ist, dass er, zwar nicht wörtlich, aber dem Sinne nach, zwischen „Bilse" und dem Mann'schen „ich" das taktlose Wörtchen „und" gesetzt hatte. Nicht nur sei von Brocken literarisch unbedarft, wenn er zwischen Bilses „künstlerisch wertlosem" Erzeugnis und Thomas Manns „Künstlertum von einiger Strenge und Leidenschaft" nicht unterscheiden könne. Nein, er „fristet ein dürres, armseliges und völlig unbemerktes Dasein," und zwar mit Recht, denn schon sein (sc. geringer) „Bildungsgrad, den zu erwerben er Gelegenheit genommen hat," disqualifiziere alles, was er sage. Der Kommentar der GKFA bemerkt dazu trocken: „Der Verfasser selbst hatte Gelegenheit genommen, mit Mühe den schulischen Bildungsgrad eines »Einjährig-Freiwilligen« zu erwerben."

Zugegeben, es geht später im Aufsatz um mehr als Polemik, aber auch wohlmeinende Betrachter wie Hermann Kurzke haben die Bilse-Schrift letztlich als „missglückt" bezeichnet. Trotzdem, Thomas Mann war zu der Zeit (er war gerade dreißig Jahre alt) stolz auf diese Streitschrift-cum-Poetik, denn sie sei „nicht übel geschrieben".

Giftiges Gejökel

In seiner Streitschrift, „Bilse und ich", die polemisch beginnt und als dichterisches Manifest endet, erscheint ein moderner Kritiker, ein mysteriöser „Doktor X". Dieser, so Thomas Mann, habe ihm das Wort vom „tiefen Amüsement" übelgenommen, womit er Witz und Stil des Kritikers Doktor X gelobt habe, anstatt ihn ernst zu nehmen.

Doktor X ist der berühmte und gefürchtete Kritiker Alfred Kerr, acht Jahre älter als Thomas Mann, der 1906 gerade ein Jahr verheiratet und bereits Vater einer Tochter Erika ist, kürzlich das Drama *Fiorenza* und die Schiller-Studie „Schwere Stunde" beendet hat und an der Romanze *Königliche Hoheit* arbeitet, in der er seinem neuen „strengen Glück" der Ehe eine märchenhafte Verbrämung gibt. Das hört sich an, als sei Thomas Mann vielbeschäftigt, erfolgreich und selbstbewusst. In Wirklichkeit aber befindet er sich in einer Krise. Die Ehe verlangt ihm einiges ab, *Fiorenza* muss als Misserfolg gebucht werden, und der enorme Ehrgeiz, nach den *Buddenbrooks* wieder etwas „Großes" zu schaffen, erstickt ihn fast. Bis ihm mit der Novelle „Der Tod in Venedig" wieder etwas Außerordentliches gelingt, lebt er seine Frustration aus in Polemiken – gegen seinen Bruder Heinrich, gegen Bilse und den armen Juristen von Brocken, gegen Alfred Kerr, und später noch gegen Theodor Lessing.

Dr. Kerr aber schreibt selbst mit sarkastischer Feder, die der glatteren Ironie Thomas Manns an beleidigender Schärfe um nichts nachsteht, ja, ihm an polemischer Schlagkraft überlegen ist. Dem ironisch-herablassenden „tiefen Amüsement" Manns antwortet

Kerr mit einer spöttisch-abfälligen Besprechung der *Königlichen Hoheit*:

Eindruck: ein Hymnus auf die größten Kartoffeln – anscheinend mit einer gewissen Überzeugung vorgebracht ... möcht man sprechen. Diese Überzeugung ist freilich eine Soffitte. Eindruck: als wenn eine nicht gerade begnadete Natur sich an etwa aufrichten, sich vor den Leuten rechtfertigen wollte – und mit stockendem Stimmchen sagt: „Ich ... bin... nämlich... ein... Sonntagskind." Ulkig.

Dieser abgerissene und gedrängte Telegramm-Stil, prägnant zwar, manchmal sentenziös und umgangssprachlich, soll den Leser auf kürzestem Weg zur Essenz führen: „Lieber Extrakt als Limonade," das ist Kerrs Motto. Sein Richterwort kennt keinen Mittelweg: „Hass und Liebe sind besser als Neigung und Abneigung." Dadurch wirken seine Artikel für heutige Leser oft exzentrisch und manchmal rätselhaft. Bezieht sich der „Hymnus auf die größten Kartoffeln" auf die großen Herrschaften des Romans? Oder liegt hier eine Variante vor von „Der dümmste Bauer erntet die größten Kartoffeln"? Eine Soffitte ist ein vom Schnürboden der Bühne parallel zur Rampe herabhängender Stoffvorhang, der einerseits Kulissenteile vor den Augen der Zuschauer verbergen, andererseits aber auch zur Dekoration beitragen soll. Der genannte Hymnus sei also nicht überzeugend, sondern lediglich eine Staffage, die etwas verbirgt? Die boshafte Erwähnung des Sonntagskinds ist auf den Prinzen Klaus Heinrich gemünzt (im Roman sagt der Großherzog Albrecht zu seinem Bruder Klaus Heinrich: „Du bist ein Sonntagskind...."), und damit auch auf den bürgerlich verwöhnten Autor Thomas Mann, dessen Geburtstag am 6. Juni 1875 auf einen Sonntag fiel. Das abschließende Urteil „Ulkig" bindet dem Autor gleichsam eine Clownsnase vors Gesicht.

Ich erwähne dieses Beispiel so ausführlich, um zu zeigen, dass Dr. Kerr dem unsicheren Autor durchaus Paroli bieten kann und dessen Bedingung glänzend erfüllt, dass nämlich Dichter wie Kritiker verpflichtet seien zu einer „unerbittlichen Genauigkeit", welche der gespannte Bogen ist, „von welchem das Wort schnellt, das scharfe, gefiederte Wort, das schwirrt und trifft und bebend im Schwarzen sitzt." Auch ist das bei Thomas Mann später immer wieder als Symbolfigur auftauchende Paar von Bogen und Leier als Symbole für Kritik und Dichtung ein adaptiertes Erbe von Alfred Kerr, der Jahre vorher schon ganz ähnlich geschrieben hatte: „Für den Kritiker sind, wie ich glaube, diese zwei Werkzeuge symbolisch: die Schleuder und die Harfe."

Mann spricht zwar von „giftigem Gejökel" des Kritikers Kerr, der „frohlebig, sentimental und keck" seine Bücher in „spritzigmordheiteren Kapitelchen ganz einfach zugrunde gerichtet" habe. Aber er äußert sich so nur in Briefen, nicht öffentlich wie Kerr. Der verreißt 1913 *Fiorenza* als eine kitschige „Philologenarbeit" und „Bildbeschreibung" eines unoriginellen Schreibers, der statt eines blitzenden Talentes ein gutes Sitzfleisch besitze.

Zweifellos war Kerr kampflustig von Berufs wegen. Viele andere, darunter Hermann Sudermann und Carl Sternheim, haben unter seiner unbarmherzigen Schreibe gelitten. Dazu kommt bei Kerr aber wohl auch ein Quäntchen Neid auf den erfolggewohnten und reichen Thomas Mann, Ehegatte der schönen Katia, die ihn, den nicht besonders hübschen und schon älteren Dr. Kerr, hatte abblitzen lassen. Aus persönlicher Rache – so Thomas Manns eitle Vermutung – lasse Kerr durchblicken, dass er wusste, warum in *Fiorenza* nicht von Liebe, sondern von Enthaltung und Entsagung die Rede war. Wenn Kerr dann sogar dem Werk des „sorgenfaltigen Mittel-Alter des Herrn Mann" Verkümmerungen und Verklemmungen nachsagt und als Pointe des „Tod in Venedig" angibt, der Verfasser, der alles Erotische in der Novelle durch Hinweise auf das klassische Altertum entschärft habe, habe immerhin „hier Päderastie annehmbar für den gebildeten Mittelstand gemacht" – ja, dann ist das für Thomas Mann nicht nur gehässig sondern blamabel. Dass Kerr vermutlich Kenntnis hatte von den Anstrengungen der Mann'schen Ehe und den Anfechtungen durch eine andere Sinnlichkeit, die aber (aus Prinzip oder Verklemmung oder Angst) „rein" bleiben musste – diese Vermutung war ausreichend für

Thomas Mann, die eigenen giftigen Pfeile im privaten Köcher zu belassen. Alfred Kerr starb 1948. Auch wenn Thomas Mann den Polemiker-Kampf mit ihm nicht gewonnen hat, so hat er seinen Widersacher letztlich an Ruhm und Bedeutung übertroffen.

Ein politischer Schriftsteller?

Vom kommenden Sieg der Demokratie

Frage: Aus welcher Quelle stammt das folgende Zitat, das etwa so lautet: „Auf Dauer ist kein Doppelleben möglich. Um in Harmonie mit sich selbst zu sein, passt der Mensch notgedrungen seine Gedanken dem äußeren Verhalten an, zu dem die Gewalt ihn zwingt."

Antwort: Das Zitat ist im Original, mit ganz kleinen Änderungen, Teil des folgenden Absatzes:

„Ich nannte die Demokratie zeitlos-menschlich und ihren heute so sieghaft auftretenden Gegner, den Faschismus, eine Zeiterscheinung. Ich vergesse dabei nicht, daß auch er tiefe und vielleicht unzerstörbare Wurzeln im Menschlichen hat; denn sein Wesen ist die Gewalt. An sie, die physische und geistige Vergewaltigung, glaubt er, sie praktiziert er, sie liebt, ehrt und verherrlicht er, sie ist für ihn nicht erst die ultima, sondern die prima ratio, - und wir wissen nur zu gut, daß die Gewalt ein ebenso menschlich-unsterbliches Prinzip ist wie ihr Gegenteil, der Gedanke des Rechtes: sie ist das unerbittlich Tatsachen schaffende Prinzip, sie kann alles oder fast alles; nachdem sie sich durch Angst die Körper unterworfen, unterwirft sie sich sogar die Gedanken - denn der Mensch kann auf die Dauer kein Doppelleben führen; um in Harmonie mit sich selber zu sein, paßt er notgedrungen seine Gedanken dem äußeren Verhalten an, zu dem die Gewalt ihn zwingt."

Dieser Passus stammt aus dem Vortrag „Vom kommenden Sieg der Demokratie" (manchmal auch „Vom zukünftigen Sieg der Demokratie"). Man findet den Text im Band 11 der Gesammelten Werke, im Essayband *An die gesittete Welt* (Frankfurter Ausgabe, de

Mendelssohn), oder im 4. Band der *Essays 1933-1938 Achtung, Europa!* (hg. Kurzke, Stachorski).

Brief nach Deutschland

Frage: Ich lese gerade Thomas Manns „Brief nach Deutschland", geschrieben 1945 in Amerika. Darin erklärt er, warum er nicht nach Deutschland zurückkehren werde. Er vertritt die These der Kollektivschuld aller Deutschen und kommentiert die Bombardierung deutscher Städte (auch Hamburgs und Dresdens) recht lapidar mit den Worten: „Alles muss bezahlt werden." Was ging zu der Zeit in Thomas Mann vor, der sich doch immer selbst als Deutscher fühlte?

Antwort: Thomas Mann hat nach 1945 Deutschland mehrmals besucht, zum Beispiel Frankfurt, Stuttgart, Weimar und Lübeck. 1952 verließ er die USA endgültig und wählte seinen Wohnsitz in der Schweiz, nicht in Deutschland.

Äußerer Anlass für Thomas Manns „Brief nach Deutschland", jetzt meist unter dem Titel „Warum ich nicht nach Deutschland zurückkehre" zitiert, war ein offener Brief des Schriftstellers Walter von Molo, der Thomas Mann aufforderte, nach Deutschland zurückzukehren: „Bitte, kommen Sie bald, [...] sehen Sie das unsagbare Leid in den Augen der vielen, [...] die nicht die Heimat verlassen konnten, [...] geben Sie den zertretenen Herzen Trost durch Menschlichkeit ... Bitte kommen sie bald und zeigen Sie, dass der Mensch die Pflicht hat, an die Mitmenschheit zu glauben. [...] Kommen Sie bald wie ein guter Arzt ..."

Thomas Mann wollte nicht als Tröster in die Pflicht genommen werden und so tun, als wären die Verbrechen der Nazi-Zeit nur eine vorübergehende Schnupfen-Krankheit gewesen, die durch einen guten Arzt völlig geheilt werden könne. Er glaubte nicht an die Entschuldigung, es habe auch unter den Daheimgebliebenen viele gute, unschuldige Menschen gegeben, nämlich die „inneren Emigranten". Im Gegenteil, es ging ihm um die tiefe Schuld, die jeder Deutsche auf sich geladen hatte. Er erwähnte auch das ihm persönlich widerfahrene Unrecht, die „analphabetische und mörderische Radio- und Pressehetze, die [...] mich erst recht begreifen ließ, dass mir die Rückkehr abgeschnitten sei." In Nazi-Deutschland erschienene Bücher sollten am besten eingestampft werden: „Es mag Aberglaube sein, aber in meinen Augen sind Bücher, die von 1933 bis 1945 in Deutschland überhaupt gedruckt werden konnten, weniger als wertlos und nicht gut in die Hand zu nehmen. Ein Geruch von Blut und Schande haftet ihnen an; sie sollten alle eingestampft werden."

Ein besseres Argument *für* seine Wahlheimat Schweiz und *gegen* die alte Heimat Deutschland ist aber, glaube ich, seine Dankbarkeit für die fünf Jahre, die er in seinem ersten Exil, von 1933 bis 1938, in Küsnacht bei Zürich verbrachte. Dort war das Leben angenehm und bequem gewesen, er wurde respektiert, geehrt, gefeiert – man war stolz auf ihn in der Schweiz. Thomas Sprechers schönes Buch *Thomas Mann in Zürich* beschreibt diese Zeit, an die Thomas Mann dann 1952 fast nahtlos wieder anknüpfte.

Für eine differenzierte Diskussion siehe auch Hans Vagets *Thomas Mann, der Amerikaner*, ab Seite 479, und Hermann Kurzkes Biographie *Thomas Mann: Das Leben als Kunstwerk*, Kapitel XVIII: „Pein und Glanz".

Deutschland und die Deutschen

Frage: Wie ist der Aufsatz „Deutschland und die Deutschen" zu interpretieren?

Antwort: Dieser Essay aus dem Jahr 1945 (der seinen Titel einem gleichnamigen Buch von Eduard Beurmann aus dem Jahr 1838 verdankt) wurde zuerst als Rede aufgeschrieben und kann als ein „Psychologischer Versuch" der Erklärung des „Bösen aus dem Guten" gelten, nämlich der Nazizeit aus der deutschen Innerlichkeit, d. h. der Romantik und Reformation Luthers, jener „Großtat deutscher Innerlichkeit". Deshalb lässt sich nach Thomas Mann ein gutes Deutschland nicht von einem bösen, fehlgegangenen, trennen. Vor allem wollte er sich selbst nicht als Repräsentanten des guten Deutschland „im weißem Kleid" darstellen – er kenne beides und habe „alles am eigenen Leibe erfahren." (Brief an von Molo, 7.9. 1945.) Eine (Er)lösung sieht Thomas Mann in der „sozialen Weltreform" und in der Gnade: „Zuletzt ist das deutsche Unglück nur das Paradigma der Tragik des Menschseins überhaupt. Der Gnade, deren Deutschland so dringend bedarf, bedürfen wir alle." (Siehe dazu auch die Theologiediskussion und vor allem den letzten Satz des *Doktor Faustus*.)

Es ist interessant, dass das Gegenstück dieser Rede, der sehr viel frühere Aufsatz „Von deutscher Republik" (1922), die Romantik (Novalis) positiv als „Intellektualismus und Sehnsucht" darstellte. Dort ist dann Demokratie, vermittelt durch die Erotik Walt Whitmans, eine Art (Er)lösung.

Die Komposition von „Deutschland und die Deutschen" fällt mit dem Schreiben des *Doktor Faustus* zusammen, insbesondere Adrians Gespräch mit dem Teufel im Kapitel XXV. Thomas Mann bezeichnete seine Rede denn auch als „Ableger des Romans" (Brief an Agnes E. Meyer v. 11.4.1945).

Insgesamt war die Rede ein Balanceakt. „Ich versuche mich darin gleich weit von patriotischer Apologie wie von unwürdiger Verleugnung zu halten." (Brief an Otto Bader vom 11.4.1945). Der Rede folgten in der deutschen Presse unfreundliche Artikel über Exil und Verteidigungen der „inneren Emigration" von Thieß und von Molo.

Deutsche Hörer

Ende 1945 nahm Thomas Mann das Angebot der BBC wahr, sich noch einmal in einer Rundfunksendung „Deutsche Hörer!" zu seinem „Brief nach Deutschland" zu äußern. Unmittelbar nach der Sendung ließ der nordwestdeutsche Rundfunk den Schriftsteller Frank Thieß, der sich ausdrücklich als Vertreter der „Inneren Emigration" verstand, zu Wort kommen. Seine zum Teil infame Antwort machte bei Thomas Mann das Maß endgültig voll und bekräftigte nochmals seinen Entschluss, seinen Wohnsitz nie wieder nach

Deutschland zu verlegen. Hermann Kurzke schreibt in seiner Thomas Mann-Biographie: „Vielleicht wäre er trotzdem gekommen", hätte Thomas Mann sich nicht von Thieß' Anwürfen und Anmaßungen so sehr beleidigt gefühlt.

Fünf Radiosendungen „Deutsche Hörer!" gibt es bei YouTube, eine CD bei Hörverlag und alle (gedruckten) Sendungen als Fischer Taschenbuch.

Vier weitere politische Aufsätze

Frage: War Thomas Mann ein politischer Schriftsteller? Was sind seine wichtigsten politischen Aufsätze?

Antwort: Folgende fünf Schriftstücke werden oft angegeben als die wichtigsten politischen Äußerungen Thomas Manns:

(1) „Gedanken im Kriege", 1914. Thomas Mann begrüßt den Ersten Weltkrieg enthusiastisch: „Krieg! Es war Reinigung, Befreiung, was wir empfanden, und eine ungeheure Hoffnung." Der Soldat wird schwärmerisch mit dem Künstler verglichen. Die deutsche Seele sei die tiefste, der Sieg „unbezweifelbar". Dieser Aufsatz hat ihm die Gegnerschaft seines Bruders Heinrich und anderer „Demokraten" und „Zivilisationsliteraten" eingebracht. Die *Betrachtungen eines Unpolitischen* versuchen dann eine theoretische Rechtfertigung seiner Gedanken und verschärfen dadurch den Streit mit dem Bruder bis zur Feindschaft.

(2) „Von deutscher Republik" ist eine Rede, die Thomas Mann 1922 in Berlin in Anwesenheit von Friedrich Ebert und Gerhard Hauptmann hielt. Sie scheint eine Abkehr von den „Gedanken im Kriege" und den *Betrachtungen eines Unpolitischen* zu signalisieren, obwohl Thomas Mann in einem sonderbaren Vorwort eine bruchlose Linie zwischen dieser Rede und den *Betrachtungen* behauptet: der Verfasser sei „derselbe geblieben, einig in seinem Wesen und Sinn." Auch später hat Thomas Mann sich nie ausdrücklich von den *Betrachtungen* distanziert. Aus diesem Grund wird die Bezeich-

nung der Rede „Von deutscher Republik" als „republikanische Wende" oft abgelehnt.

(3) „Neujahrsbrief" vom 1. Januar 1937 an den Dekan der Philosophischen Fakultät der Universität Bonn, die ihm seinen Ehrendoktortitel abgesprochen hatte. Thomas Mann sagt darin den kommenden Krieg voraus und stellt sich öffentlich und kompromisslos gegen Hitler und Nazi-Deutschland. Dieser Brief hat auch international eine große Wirkung gehabt.

(4) Es gab noch ein anderes, früheres Dokument des expliziten Widerstands, den offenen Brief an den NZZ Redakteur Eduard Korrodi. Korrodi hatte sich in aggressiven Worten über die wachsende Zahl deutscher Exilautoren geäußert und Thomas Manns Schweigen zu den politischen Verhältnissen in Nazi-Deutschland als Votum gegen die Emigrantenliteratur gewertet. In einem Brief an Hermann Hesse sprach er zudem gehässig über Linke und Juden. Thomas Mann war in einer Zwickmühle. Es stimmte, er war in den drei Jahren nach 1933 noch nicht öffentlich als Gegner der Nazis hervorgetreten. Aber nun konnte er sich unmöglich von Korrodi als Gegner der Exilanten vereinnahmen lassen. Eine definitive Stellungnahme war gefragt – und längst angemahnt von seinen Kindern Erika und Klaus. Thomas Manns offener Brief wurde am Abend des 3. Februar 1936 in der NZZ veröffentlicht. In ihm verteidigt Thomas Mann sich und andere Exilanten, und damit auch seinen Bruder Heinrich. Er macht darüber hinaus auch seine „Überzeugung" klar

„dass aus der gegenwärtigen deutschen Herrschaft nichts Gutes kommen *kann*, für Deutschland nicht und für die Welt nicht, - diese Überzeugung hat mich das Land meiden lassen, in dessen geistiger Überlieferung ich tiefer wurzele als diejenigen, die seit drei Jahren schwanken, ob sie es wagen sollen, mir vor aller Welt mein Deutschtum absprechen."

Siehe hierzu ausführlicher Thomas Sprechers Buch *Thomas Mann in Zürich*. Dort das Kapitel „Die öffentliche Entscheidung", S. 168-182.

1938 verlässt Thomas Mann die Schweiz und geht ins amerikanische Exil.

(5) Der „Versuch über Schiller" (1955) ist eigentlich kein politischer Essay, kann aber als eine Art politisches Vermächtnis gelesen werden: Meinungen zum geteilten Deutschland, den Kalten Krieg, die Zukunft Europas.

Einschätzungen Für und Wider

Frage: Wie schätzen Experten Thomas Manns politische Essays ein?

Antwort: Die Meinungen sind kontrovers. Hier ist eine Auswahl aus der Sekundärliteratur:

Hermann Kurzkes Beitrag „Thomas Manns politische Essayistik" im alten *Thomas Mann Handbuch* (2005). Dort auch eine kurze Zusammenfassung von „Der Künstler und die Gesellschaft", Thomas Manns Selbstkritik seiner öffentliche Rolle.

Peter de Mendelssohns Biographie *Der Zauberer*, Bd 2, Kapitel IX über „Gedanken im Kriege." Eher beschreibend und zitierend als kritisch analytisch.

Hans Mayer: *Thomas Mann* (1980). Darin der Aufsatz: „Zur politischen Entwicklung eines Unpolitischen".

Max Rychners „Thomas Mann und die Politik" bietet eine faszinierende Analyse, vor allem über die *Betrachtungen*. Wieder abgedruckt in „Aufsätze zur Literatur" (1966). Dazu auch Roman Bucheli: „Max Rychner und Thomas Mann", im *Thomas-Mann-Jahrbuch* 14/2001.

Mehrere Bücher und Aufsätze vertreten explizit die Meinung, dass Thomas Mann kein wirklich politischer, d.h. politisch gut informierter Schriftsteller war. Eher sei er naiv, unbedarft, ahnungslos und „nur" ein Ästhet gewesen, der vom Schreibtisch aus die Welt beurteilte. In diese Reihe gehören Joachim Fest: *Die unwissenden Magier. Über Thomas Mann und Heinrich Mann* (1985); Aleida Assmann/Ute Frevert: *Geschichtsvergessenheit, Geschichtsversessenheit* (1999); Manfred Görtemaker: *Thomas Mann und die Politik* (2005). Auch Mayers und Rychners oben genannten Aufsätze könnten hier mitgezählt werden.

Dagegen: Hans R. Vaget: „Ein unwissender Magier? Noch einmal der politische Thomas Mann." In *Thomas-Mann-Studien*, Bd. 37. Siehe auch ders. in *Thomas Mann, der Amerikaner* (2011), S. 479 – 502. Ein Klassiker in dieser Debatte ist Kurt Sontheimers *Thomas Mann und die Deutschen* (1965), ein exzellentes Buch. Siehe auch seinen früheren Aufsatz: „Thomas Mann als politischer Schriftsteller", den man kostenlos online lesen kann.

Im neuen *Thomas Mann Handbuch* (2015) schreibt Tim Lörke u.a.: „Manns politisches Denken changiert zwischen Reformkonservatismus und linkem Liberalismus." Eingeräumt wird zwar, dass „Manns durchaus heikles Demokratiekonzept von der Forschung teilweise kritisiert und als unpolitisch abgeurteilt worden sei." Aber gegen solche Urteile der politischen Ahnungslosigkeit und sogar Nähe zu antidemokratischen Bewegungen, die weiter unten in der nächsten Quisquilie über die *Betrachtungen* deutlich gemacht werden, müsse man sagen, so Lörke, „dass Mann durchaus ein Demokratieverständnis entwickelt, das sich freilich nicht mit dem heute etablierten deckt." (Siehe a.a.O. auf den Seiten 264-265).

Ein neues Genre?

Ein Erzähler, der sich spiegelt

Frage: Sind Thomas Manns Essays anders als „normale" Essays?

Antwort: In Diskussionen über Thomas Manns Essays stehen meist Fragen über ihren Inhalt, nicht über ihre Form oder Funktionsweise als „Genre" im Mittelpunkt. Wenn z.B. Rolf Renner im

Thomas-Mann-Handbuch (2005) über Thomas Manns Essayistik schreibt, bedient er sich einer inhaltlichen Gliederung in literarästhetische, kulturkritische, autobiographische und identifikatorische Essays. Beispielsweise gehören in die identifikatorische Kategorie Essays über Thomas Manns *imitatio* Goethes. Es lässt sich ebenfalls innerhalb dieses Schemas zeigen, wie sich Thomas Manns Selbstreflexion in seinen autobiographischen Skizzen vom „Im Spiegel" (1907) bis „On Myself" (1940) wandelt und wie sich sein künstlerisches Selbstverständnis in „Bilse und ich" (1906) ganz anders zeigt als im Essay „Der Künstler und die Gesellschaft" (1952). Es ist bekannt, dass Thomas Manns (diskursive) Essays die Thematik der (fiktionalen) Werke oft begleiten, manchmal vorwegnehmen. Essayistisches wird später in den Roman meist andersartig verarbeitet (man vergleiche die *Betrachtungen eines Unpolitischen* mit dem *Zauberberg*).

Dabei wird übersehen, dass Thomas Manns Essays von anderer Machart sind und anders „funktionieren" als die klassischen Essays von Montaigne, Orwell, Benjamin oder Adorno (siehe auch dessen „Der Essay als Form"). Definitionsgemäß wirft ein Essay eine Frage oder ein Problem auf, dem sich der Autor in dialektischer oder analytischer Methodik von verschiedenen Seiten versuchsweise nähert und dabei in engagierter, nicht selten einseitig subjektiver Manier argumentiert, ohne dass am Ende ein definitives Resultat stehen muss.

Thomas Mann dagegen geht nicht methodisch sondern meist biographisch vor. Er umkreist ein weitgefasstes Thema und analysiert kein spezifisches Problem, sondern macht seine Gedanken an einer Person fest. Er vergleicht sich mit dieser Person und schafft Synthesen, in deren Mittelpunkt wieder er selber steht.

Beim Lesen von Hermann Kurzkes Essay zu den *Betrachtungen eines Unpolitischen*

Neuorientierung oder Freispruch aus Mangel an Haftbarkeit?

2009 erschienen Thomas Manns schwergewichtigen *Betrachtungen eines Unpolitischen* in der *Großen Kommentierten Frankfurter Ausgabe* GKFA mit einem begleitenden Essay von Hermann Kurzke. Er ist einer der verantwortlichen Herausgeber der GKFA und Autor vieler einschlägiger Artikel zum Werk Thomas Mann und der sehr lebendig und einfühlsam geschriebenen Biographie *Thomas Mann: Das Leben als Kunstwerk*. Besonders anregend und lehrreich, knapp und präzise sind sein früheres Buch *Thomas Mann: Epoche – Werk – Wirkung* und das kleine Meisterstück *Mondwanderungen: Wegweiser durch Thomas Manns Joseph-Roman*.

Bei der Lektüre von Kurzkes Essay zu den *Betrachtungen* stellte sich aber meine durch jahrelange Lektüre gebildete Achtung für Kurzkes Gelehrsamkeit sozusagen auf die Hinterbeine und die Nackenhaare sträubten sich in einem zunächst nur in der Bauchgegend gefühlten Protest. Hier wurde eine großangelegte politisch-literarische, aggressiv formulierte Fehlleistung Thomas Manns beinahe lässig entschuldigt als ein zwar temperamentvolles, aber letztlich nicht ernstgemeintes rhetorisches Sprach-Theater. Warum also, so der Tenor dieses Essays, die ganze Aufregung, die ernsthafte Kritik, die Verurteilung Thomas Manns?

Kurzkes Essay wurde denn auch gefeiert als Neuorientierung, als Exkulpation gar, und mit diesem von Vielen dankbar geteilten Expertenurteil konnte man schulterzuckend zur Tagesordnung übergehen. Thomas Mann war wieder einmal gerettet worden. Leider hat sich, soweit ich weiß, kein vergleichsweise einflussreicher Kenner von Leben und Werk Thomas Manns von seinem Lehrstuhl erhoben und von seinem Katheder aus mit solider Forschung und reifer Urteilskraft einen starken Gegenentwurf vorgelegt. Im neuen *Thomas Mann Handbuch* (2015) skizziert Alexander Honold zwar die geschichtliche „Einbettung", die Entstehungsgeschichte, den

Aufbau und das „Argumentationsgerüst" der *Betrachtungen*, wie man es kennt (Dichotomien wie „deutsche Tiefe" gegen „französische" Zivilisation). Doch auch hier, wie bei Kurzke, werden die Invektiven, der unterschwellige Antisemitismus, die z.T. „unhaltbaren Ausfälle"als „Poetik wider Willen", als ideologische „Rollenrede" verharmlost. Letztlich sei Thomas Manns Kriegsbuch „nicht argumentativ begründbar" (und daher prinzipiell nicht durch Argumente kritisierbar?). Seine Haltung rühre vielmehr „von innerliterarischen, soziologischen und ästhetischen Verschiebungen her". Die Betrachtungen, so liest man, bekennen sich damit offen zu ihrer eigenen inneren Widersprüchlichkeit. Der emotional, politisch und poetisch engagierte Schriftsteller Thomas Mann könne, bei all dieser Unlogik, gar nicht „individuell verantwortlich und auch behaftbar" sein. Das beschwichtigende Fazit auch hier: „Im dichterischen Sprechakt (...) ist der Autor doppelt involviert, als der Urheber literarischer Rollenrede wie auch der zugehörigen Sprecherfigur. Und gerade deshalb ist der Schriftsteller als persönliche Instanz »aus dem Spiel«" (a.a.O., Seite 161).

Die unten stehenden Glossen können natürlich auch keinen Gegenentwurf leisten. Sie wollen aber durch Textindizien darauf hinweisen, dass der sonst so eloquente Schriftsteller Thomas Mann, der vielleicht kein (politischer) Denker war, aber Gedanken und Argumente zu repräsentieren und Worte zu wählen wusste, nicht so einfach durch einen fulminant geschriebenen Essay freigesprochen werden sollte. Ein faires Wiederaufnahmeverfahren würde helfen, die akademisch verdickte Luft zu klären.

Skorpion oder harmloses Biest?

Ein aufmerksamer Leser könnte bei den Anfangsworten im obigen Titel „Beim Lesen von ..." stutzen, weil er sich von ferne an Goethes Gedicht „Bei Betrachtung von Schillers Schädel" erinnert:

Im ernsten Beinhaus wars, wo ich beschaute,
Wie Schädel Schädeln angeordnet paßten;
Die alte Zeit gedacht ich, die ergraute.

Und so weiter. Dieser anachronistische Verweis hat hier seinen eigenen Hintersinn. Das heimelige „Beim Lesen ..." soll noch einmal betonen, dass ich nur meinen eigenen Eindruck von Kurzkes Lesart der *Betrachtungen eines Unpolitischen* mitteilen und keinesfalls ein fachmännisches Urteil fällen kann. Das ist das eine.

Zweitens: Ein Leser von Goethes Gedicht spürt, dass es hier weniger um den Schädel selbst, als vielmehr um seine Wirkung auf Goethes Gemüt ging: „Wie bin ich es wert, dich in der Hand zu halten?" Diese vielleicht nicht ganz ehrliche Bescheidenheit Goethes wird pikanter dadurch, dass jener Knochen, der auf blauem Samt gebettet auf seinem Schreibtisch lag, höchstwahrscheinlich gar nicht Schillers Schädel war.

Mit dieser literarischen Anspielung im Hintergrund möchte ich in den nächsten Abschnitten zeigen, dass Kurzkes essayistische Meinungen aus seinem eigenen Kopf und nicht aus Thomas Manns Schädel stammen. Oder anders: dass die Interpretation aus Kurzkes Feder nicht auf Thomas Manns Text zurückgeht, sondern eine verharmlosende akademische Fiktion ist. Unter dem Motto „Alles über Thomas Mann wissen heißt vieles verzeihen" zieht Kurzke den Stachel aus Thomas Manns giftigem Essay und macht so aus einem Skorpion ein interessantes, aber letztlich argloses Biest.

Worum es geht

Motiviert durch die damals verbreitete Begeisterung für den Krieg, Katastrophe und Befreiung zugleich, geht es Thomas Mann zunächst um die Frage, was „deutsch" und „undeutsch" ist, und ab dem drittel Kapitel darum, die tiefe deutsche Seele, die Innerlichkeit und Irrationalität wahren Deutschtums, die einzigartige deutsche Kultur gegen die oberflächlich rationalen Einflüsse, gegen die dumme Demokratie und die „Zivilisation" Frankreichs zu verteidigen. Als er im Januar 1916 den Aufsatz „Zola" seines Bruders Heinrich, des „Zivilisationsliteraten" par excellence, liest und sich angegriffen fühlt, baut Thomas ein persönliches Feindbild auf, das er hemmungslos, in oft brillanten Tiraden, mit einer scharfen Artillerie von immer neuen Wortgeschossen über die nächsten 550 Seiten angreift und zu zerstören sucht.

Dabei kommt es zu Äußerungen, die als reaktionär, heikel und taktlos bezeichnet worden sind. Mit gewissem Recht, gibt Kurzke zu; aber jene kritisierten Äußerungen seien doch nur Meinungen, hohle Rhetorik, man brauche die anti-demokratischen Tiraden nicht so ernst zu nehmen. Denn im Grunde handele es sich dabei nur um Literatur, um ein Rollenspiel, ein Schattenboxen mit dem Bruder. Das wahre „Sein und der Stil" seien dagegen „internationalistisch, intellektualistisch, literarisch, demokratisch".

Kurzkes eindrucksvolle Synthese

Kurzkes Methode ähnelt der eines Archäologen. Zur Erschließung der Quellen gräbt er durch mehrere Schichten nach dem Ursprung von Zitaten und Gedankensplittern, die der Autodidakt Thomas Mann von Dichtern und Denkern der Vergangenheit in sein Manuskript übernommen hat. Kurzke kommentiert die Chronologie des Werkes (Entstehungsgeschichte) und erläutert die Themen, die unter manchmal enigmatischen und missverständlichen Buchkapiteln behandelt werden: „Einkehr", „Von der Tugend", „Ästhetizistische Politik" lauten drei solcher Überschriften. Er erklärt, aus dem Werk selbst und gestützt auf ein enormes Wissen von Thomas-Manniana, schwer verständliche Textstellen und intertextuelle Beziehungen (Stellenkommentar). Schließlich wird sorgfältig referiert, welche Wirkung der Text zu verschiedenen Zeiten hatte und welche späteren Schichten – Bewertungen, Erkenntnisse, Missverständnisse – sich seit der Veröffentlichung 1918 dem Werk von außen überlagert haben (Rezeptionsgeschichte).

Diese materialorientierte Arbeit, die mit Fleiß, Wissen und detektivischem Gespür Biographie, Philologie und Historie zu einer eindrucksvollen Synthese bringt, legt ein positivistisches Fundament, auf dem Kurzkes Essay nun eine „Generalrevision" der bisherigen Interpretationen der *Betrachtungen* anbietet. Zum Beispiel werde oft übersehen, dass der „Unpolitische" nicht ein desinteressierter Politikmuffel sei sondern der Ästhet, der (deutsche) Künstler. Und Deutschtum versus Frankreich bedeute, „Kultur, Seele, Freiheit, Kunst" ästhetisch, nur in künstlerischer Absicht, gegen „Zivilisation, Gesellschaft, Stimmrecht, Literatur" zu stellen.

In einem kurzen Nachwort resümiert Kurzke in lyrisch inspirierter Sprache, in den *Betrachtungen* komme zwar „viel Erschreckendes, Befremdliches und Erstaunliches" vor, jedoch sei das nicht nur „interessant", sondern es „verdient Dank": „Ab und zu muss ja auch die Demokratie auf den Teststand. Wenn sie gefestigt wird, wird das Feuer der antidemokratischen Ansichten sie nicht beschädigen, sondern härten und läutern". Dass Härtung und Läuterung der Demokratie Thomas Manns Absicht war, ist nicht wahrscheinlich und wird durch nichts belegt. Dazu siehe weiter unten „Die Chinesen haben Recht!"

Fatale Geistesverwandtschaft?

Golo Mann schreibt in einem Brief vom 30. IX. 1975 an den Soziologen Raymond Aron: „Die *Betrachtungen* haben mit Hitler eines, wenn auch nur eines, gemeinsam: beide hätten sie nicht passieren dürfen."

Wörtlich genommen ist in Golos Brief die Beschränkung „eines, wenn auch nur eines" zu eng gefasst. Thomas Mann benutzt in den *Betrachtungen* oft denselben aufgeblähten Begriffsapparat, der zehn Jahre später auch Hitlers *Mein Kampf* beherrscht. Dazu gehören zum Beispiel „Seele" („Deutschlands Seele" bei Thomas Mann und „Volksseele" bei Hitler), „Deutschtum" und „undeutsch" (bei Thomas Mann auch „widerdeutsch" und „deutschfeindlich" wie in „der politische Geist, widerdeutsch als Geist, ist mit logischer Notwendigkeit deutschfeindlich als Politik."), „Abgrund" (bei Thomas Mann z.B.: „Diese Geister [dazu gehört sein Bruder] »undeutsch« zu nennen, - davor werde ich mich hüten. Der Begriff »deutsch« ist ein Abgrund, bodenlos […]"; bei Hitler heißt es, Kunst und Kultur in Deutschland seien erkrankt, verfallen: „Alles schien hier den Höhepunkt schon überschritten zu haben und dem Abgrunde zuzueilen."). Beide, Thomas Mann und Hitler, lieben Vokabeln wie „Kampf", „Waffen", „Größe", „Führer".

In dem folgenden kurzen Absatz kommen fast alle dieser Wörter wieder vor. Ein Test: Ist der folgende Text von Thomas Mann oder Hitler?

„Wer der Jugend Seele kennt, der wird verstehen können, daß gerade sie am freudigsten die Ohren für einen solchen Kampfruf öffnet. In hunderterlei Formen pflegt sie diesen Kampf dann zu führen, auf ihre Art und mit ihren Waffen. Sie lehnt es ab, undeutsche Lieder zu singen, schwärmt um so mehr für deutsche Heldengröße, je mehr man versucht, sie dieser zu entfremden; sammelt an vom Munde abgesparten Hellern zu Kampfschatz der Großen; sie ist unglaublich hellhörig dem undeutschen Lehrer gegenüber und widerhaarig zugleich; trägt die verbotenen Abzeichen des eigenen Volkstums und ist glücklich, dafür bestraft oder gar geschlagen zu werden."

Diese Sätze sind von Hitler, könnten aber ebenso gut in den *Betrachtungen* stehen, deren anstrengende Abfassung Thomas Mann seinen „Gedankendienst mit der Waffe" genannt hat.

Die Chinesen haben Recht!

Im Kapitel „Politik" nennt Thomas Mann die Demokratie eine Herrschaft „der Majorität über die Minorität, der wahrscheinlich Dummen über die wahrscheinlich Klugen" und setzt dagegen das heldenhafte Genie des „großen Mannes", dem (nach Nietzsche) das dressierte menschliche Herdentier gehorchen müsse. Sarkastisch fährt Thomas Mann fort:

„Der große Mann ist abzuschaffen [...]: dazu helfe uns die demokratische Republik!" Denn, wie Nietzsche, nach einem angeblichen chinesischen Sprichwort, geschrieben habe: „Der große Mensch ist ein öffentliches Unglück!"

Unglück? Natürlich nicht! Denn, so schreibt Thomas Mann über den großen Mann als Führer: „Der Literat weiß nur zu gut, dass

Deutschland ganz eigentlich das Land des großen Mannes ist [...]
Der Wunsch aber, den großen Mann loszuwerden, ist so alt wie das
Wunschbild der Zivilisation selbst. [...] Nur unter einem Führer,
der Züge des Großen Mannes von deutschem Schlage trägt, wird
der »Volksstaat« einen erträglichen Anblick bieten und etwas anderes sein, als die Humbug-Demokratie, die wir nicht »meinen«".

Vergleiche hiermit folgendes Zitat über den Helden als Führer
aus *Mein Kampf*:

„Wer Führer sein will, trägt bei höchster unumschränkter Autorität auch die letzte und schwerste Verantwortung. Wer dazu nicht
fähig oder für das Ertragen der Folgen seines Tuns zu feige ist,
taugt nicht zum Führer. Nur der Held ist dazu berufen. Der Fort-
schritt und die Kultur der Menschheit sind nicht ein Produkt der
Majorität, sondern beruhen ausschließlich auf der Genialität und
der Tatkraft der Persönlichkeit."

In *Lotte in Weimar* wiederholt Goethe bekanntlich den Spruch
„Der große Mensch ist ein öffentliches Unglück!" Die Tischrunde
lacht überlaut. Nur Lotte „saß gerade aufgerichtet". Sollte das Gelächter etwas „Böses" zudecken? Sie hatte Angst, jemand würde
aufspringen und rufen: „Die Chinesen haben recht!"

Vaterländerei und Zivilisation

In der Vorrede zu den *Betrachtungen* schwärmt Thomas Mann
von Nietzsches „unglaublich intuitionsvolle[r] Bestimmung der
»Meistersinger«. Sie lautet:»Meistersinger – Gegensatz zur Zivilisation, das Deutsche gegen das Französische.«"

Die Meistersinger nennt Nietzsche in „Jenseits von Gut und
Böse" „etwas Deutsches, im besten und schlimmsten Sinne", was
ihn zu folgendem Geständnis bewegt:

„Wir ‚guten Europäer': auch wir haben Stunden, wo wir uns
herzhafte Vaterländerei, einen Plumps und Rückfall in alte Lieben
und Engen gestatten [...], Stunden nationaler Wallungen, patrio-

tischer Beklemmungen und allerhand anderer altertümlicher Gefühlsüberschwemmungen."

Die patriotischen Überschwemmungen aus dem Aufsatz „Gedanken im Kriege" von 1914 werden in den *Betrachtungen* zwar zitiert, aber bisweilen nur zögernd, da Thomas Mann sich mit der Nation als politischem Gebilde nicht (mehr) identifizieren mag; doch sie brechen dann wieder stolz und ungehemmt hervor, wenn es gegen die oberflächliche Zivilisation des Westens geht und nicht um die tiefe deutsche Kultur..

Auch Hitler kontrastiert Deutschland und Frankreich: „Denken nun unsere bürgerlichen Kreise darüber nach, in welch lächerlichem Umfange diese Voraussetzung zum Stolz auf das Vaterland dem »Volke« vermittelt wird? Man rede sich nicht darauf hinaus, daß in »anderen Ländern dies ja auch nicht anders« sei, der Arbeiter dort aber »dennoch« zu seinem Volkstum stände. Selbst wenn dies so wäre, würde es nicht zur Entschuldigung eigener Versäumnisse dienen können. Es ist aber nicht so. Denn was wir immer mit einer »chauvinistischen« Erziehung z.B. des französischen Volkes bezeichnen, ist doch nichts anderes, als das übermäßige Herausheben der Größe Frankreichs auf allen Gebieten der Kultur, oder wie der Franzose zu sagen pflegt, der »Zivilisation«. Der junge Franzose wird eben nicht zur Objektivität erzogen, sondern zur subjektivsten Ansicht [...]."

Hass – auf Demokratie und Parlament

Golo Mann fügt dem Satz aus obigem Brief an Raymond Aron die Bemerkung hinzu: „Dass die *Betrachtungen* ein im allerhöchsten Grade intelligentes und kultiviertes Buch sind, macht die Sache nicht besser, eher schlimmer, scheint mir."

Trotz all dieser Intelligenz ist eines der Schlüsselwörter in den *Betrachtungen* – der Hass. Thomas Mann hasst „aus Herzensgrund" den „Brandrhetor Mazzini" und den „Hanswurst d'Annunzio". Demokratiehasser aus der Vergangenheit werden als Kronzeugen zitiert: Nietzsche und vor allem Wagner: „Warum hasste er die

»Demokratie«? Weil er die Politik selbst hasste." In Wagners Mund bedeuteten, schreibt Thomas Mann, „die Worte »fremdartig«, »übersetzt«, »undeutsch« [...] eine Verurteilung, ja Hass." Mehr als 40 Mal Hass in den *Betrachtungen*.

Genauso oft bei Hitler. Er hasst an der „westlichen Demokratie" (für ihn eine „widerlich-lächerliche Phrase" und „Vorläufer des Sozialismus") vor allem das Geschwätz der Parlamentarier: „Ich hege heute noch die Überzeugung, daß der letzte Fuhrknecht dem Vaterlande noch immer mehr an wertvollen Diensten geleistet hat als selbst der erste, sagen wir »Parlamentarier«. Ich haßte diese Schwätzer niemals mehr als gerade in der Zeit, da jeder wahrhaftige Kerl, der etwas zu sagen hatte, dies dem Feinde in das Gesicht schrie oder sonst zweckmäßig sein Mundwerk zu Hause ließ und schweigend irgendwo seine Pflicht tat. Ja, ich haßte damals alle diese »Politiker«, und wäre es auf mich angekommen, so würde sofort ein parlamentarisches Schipperbataillon gebildet worden sein; dann hätten sie unter sich nach Herzenslust und Bedürfnis zu schwätzen vermocht, ohne die anständige und ehrliche Menschheit zu ärgern oder gar zu schädigen."

Lediglich ästhetizistisches Theater?

In der mit verführerischer Eleganz und kecker Rhetorik nachträglich geschriebenen Vorrede scheint Thomas Mann Öl auf die Sturmwellen gießen zu wollen, die den Leser auf den kommenden Seiten trotzdem beinahe ertränken werden. Vorsorglich einschränkend heißt es, die *Betrachtungen* seien eigentlich kein „Werk", aber immerhin ein „Schreib- und Schichtwerk", „Werk eines Künstlertums", „beinahe eine Dichtung".

In seinem Essay lässt Kurzke sich auf diese Koketterie ein. Die *Betrachtungen* seien „pur ästhetizistisch", voller Meinungen, die aber nicht zählten: „Der Ironiker hat keine Meinung". Wirklich? Nie? Settembrini hatte keine Meinung? Der ironische Verfasser von „Bilse und ich" hatte keine Meinung? Abstand und Ironie werden nach Kurzke geschaffen durch Zitate, „fremde Zungen". Deshalb sei die enorme Anhäufung von Zitaten in den *Betrachtungen* eine „Kunst". Wirklich? Bei Zitatenanhäufung in einer Magisterarbeit wird der Kandidat nicht wegen seiner Sammel-Kunst gelobt, sondern ermahnt, aus den verstreuten Fremdkörpern etwas logisch Stimmiges zu formen. Abgesehen davon, hat Thomas Mann sehr viele Zitate und Bildungschnipsel, z.B. aus der Antike, von seinem Freund Ernst Bertram abgeschrieben, annektiert und als sein Eigentum beansprucht. Siehe Walter Jens: „Betrachtungen eines Unpolitischen: Thomas Mann und Friedrich Nietzsche," in ders. *Statt einer Literaturgeschichte* (1978).

Kurzkes Essay wagt sich weiter vor: „So haben die *Betrachtungen*, wenn man sie richtig liest, eine spröde Eleganz, die noch die schlimmsten Stellen erträglich macht, weil sie als Rollenspiel erscheinen. Sie sind rhetorisch, nicht wahrhaftig, sind ironisch, nicht pathetisch." Wirklich? Die schlimmsten Stellen ironisch? Und wie, genau, liest man das „richtig"?

Damit erhebt sich die prekäre Frage, ob *Mein Kampf*, wäre der Stil nicht so holperig und die Rhetorik nicht so plump, mit gut gewählten Zitaten (Goethe und Schiller werden nur beiläufig erwähnt) in seinen schlimmsten Stellen „erträglich" gewesen wäre. Der „sittliche und moralische Anspruch" auf Grund und Boden war damals, in den zwanziger Jahren, auch erst Rollenspiel.

Die *Betrachtungen* waren Thomas Manns „theoretisches Hauptwerk". Halb ironisch spricht er von „Galeerenarbeit", von „Zeitdienst" und „Gedankendienst" am Schreibtisch, den er Deutschland geleistet habe, auch er ein „Kriegsbeschädigter". Nur: Für ein theoretisches Werk braucht es mehr als polemisches Denken in Antithesen, und auch der vollmundigste Einsatz eleganter Sprachkunst kann die Logik nicht ersetzen.

Haben Dichterworte Konsequenzen?

Die *Betrachtungen* wollen ernst genommen werden. In einem Brief an Amann schrieb Thomas Mann: „Ich arbeite zwei Stunden wenigstens regelmäßig an meiner Abhandlung, die mir sehr wichtig ist." Auch später hat er die *Betrachtungen* nie verleugnet. Er hat zwar wiederholt seine Meinungen geändert, aber nie seine Gesinnung.

Wir müssen ernsthaft auf den Prüfstand stellen, was Thomas Mann gesagt hat. Man braucht sich nicht auf eine billige politische Korrektheit zu berufen, wenn man feststellt, dass die *Betrachtungen* ein anstößiges Buch waren und immer noch sind. Weder sind seine Gedanken nur „abstrus", „verkrampfter Unsinn", „Selbstüberhebung", wie frühere Interpreten behauptet haben, noch sollte man sie jetzt unter Denkmalschutz stellen und mit einer literarischen Aura umgeben, um nur in dem Deutungsüberschuss des Dichterischen oder Theatralischen den Wert oder Unwert der *Betrachtungen* zu sehen.

In provokativer Absicht habe ich Thoma Manns Vokabular aus den *Betrachtungen* in die Nähe von *Mein Kampf* gerückt. Sollte im Text, oder gar im großen Thomas Mann, mit Lotte zu reden, „etwas Böses" zugedeckt werden? Böse Gedanken hat Thomas Mann lebenslang gehabt (Beispiele: Versenkung der Lusitania, Bestrafung deutscher Städte durch alliierte Bomber, Blindheit gegenüber Speziallager Nr. 2 Buchenwald, Briefwechsel mit Paul Olberg, grässlicher Tagebucheintrag über Theodor Lessings Ermordung 1933, Hass auf den „Juden Kerr" im Tagebuch vom 10.4.1933, u.a.m.).

Haben Dichterworte Konsequenzen? Vor allem, wenn dieser Dichter seit 1955 tot ist?

The words of a dead man

Are modified in the guts of the living.

So heißt es in Audens Gedicht "In Memory of W. B. Yeats".

Manns Worte in den *Betrachtungen* können uns heute Lebenden immer noch auf den Magen schlagen.

Zum Weiterlesen

Der obigen Lektüre lag zugrunde die *Große Kommentierte Frank-furter Ausgabe* der *Betrachtungen eines Unpolitischen* mit dem Kommentarband von Hermann Kurzke.

Frühere Fassungen der Kurzke-Interpretation findet man in seinem Buch *Thomas Mann. Epoche – Werk – Wirkung* (3. Auflage, 1997), seinem Beitrag zu den *Betrachtungen* im *Thomas Mann Handbuch* (3. Auflage, 2005) und in seiner Biographie *Tomas Mann. Das Leben als Kunstwerk* (4. Auflage, 2005). Akademischer ist Kurzkes Aufsatz „Nietzsche in den ‚Betrachtungen eines Unpolitischen'" in: *Festschrift für Eckhard Heftrich, Wagner, Nietzsche, Thomas Mann*, ed. Heinz Gockel (1993). Siehe auch ders.: „Die Quellen der ‚Betrachtungen eines Unpolitischen'" in *Thomas-Mann-Studien* VII. Weitere Aufsätze zu den *Betrachtungen* sind im oben genannten Beitrag von Alexander Honold angegeben, in dem neuen *Thomas Mann Handbuch* (2015), S. 161f.

Zwei der Hauptquellen für Thomas Mann waren Ernst Bertrams *Nietzsche. Versuch einer Mythologie* (1918) (Thomas Mann kannte Teile vor der Veröffentlichung) und Emil Hammachers *Hauptfragen der modernen Kultur* (1914). Bertrams Stil ist heute schwer verdaulich, was er z.B. über Nietzsches Verhältnis zur Musik Wagners und über „große Menschen" sagt, hat Thomas Mann übernommen. Hammacher war Zitatenlieferant für seine politische Theorie, besonders für die *Betrachtungen*. Bertrams und Hammachers Bücher stehen als Google-Books gratis im Internet.

Wer an Zeitungs-Rezensionen des Kurzke-Essays interessiert ist, wird sie leicht er-googeln können: Gustav Seibt, Süddeutsche Zeitung; Thomas Assheuer, DIE ZEIT; Edo Reents, FAZ; Volker Weidermann, FAZ (diese beiden FAZ-Artikel sind ansatzweise kritisch); Wolfgang Schneider, TAZ.

Originell in diesem Kontext sind auch Hans Dieter Heimendahls Dissertation „Kritik und Verklärung. Studien zur Lebensphilosophie Thomas Manns" (1995), Kapitel I; Reinhard Mehrings *Thomas Mann. Künstler und Philosoph* (2001), angesichts des notorischen „höheren Abschreibens" Thomas Manns ein mutiges Buch; und Barbara Besslichs *Faszination des Verfalls. Thomas Mann und Oswald Spengler* (2002), ein glasklares, jargonfreies Lesevergnügen.

Zu der obigen Einschätzung nützlich ist auch das (umstrittene) Buch von Fritz K. Ringer: *Die Gelehrten. Der Niedergang der deutschen Mandarine 1890 - 1933.* (1987)

Siehe ferner die Aufsatzsammlung: *Nazi Germany and the Humanities: How German Academics Embraced Nazism* (2007, 2014) Eds. Anson Rabinbach, Wolfgang Bialas.

Wer ist der „zeitgenössische Denker" in den *Betrachtungen eines Unpolitischen*?

Das Zitat

In der Vorrede zu den *Betrachtungen eines Unpolitischen* schreibt Thomas Mann:

„Ein zeitgenössischer Denker hat gesagt: »Die Richtung aufzufinden, in der eine Kultur sich fortbewegt, ist nicht so schwer, und mit Geheul sich ihr anzuschließen nicht so großartig, als die Viertelsköpfe rings im Land es sich denken. Die eigentliche Bahn des Lebens zu erkennen, die Rücksprünge, Widersprüche, Spannungen des Lebens, die Gegengewichte, die es braucht, die Widerkräfte, die es neu spannen, wo es sich im Verbrauch seiner Kräfte schwächt, die Gegenspieler, ohne die das Drama des Lebens nicht vorwärts geht, - alles dies zu sehen nicht nur, sondern lebendig in sich selbst widereinander angehen zu fühlen, das macht den Menschen, der ganz Mensch ist in seiner Zeit.«"

Wer ist dieser „zeitgenössische Denker"? Kurzke vermerkt in seinem Kommentar, dass Michael Freund auf Seite 183 seines Buchs *Georges Sorel* behauptet, Thomas Mann drücke mit den Worten „Es ist leichter, sich mit Geheul der Hauptrichtung anzuschließen als Sprünge, Widersprüche, Gegengewichte zu erkennen" den

124

Grundgedanken von Sorels Buch *Les Illusions de progrès* aus. Nach Kurzke geschieht dies zwar „sachlich mit einem gewissen Recht, aber ohne den Wortlaut nachzuweisen. So muss offenbleiben, wer der »zeitgenössische Denker« war, dessen Äußerung trotz großen Suchaufwands nicht zu ermitteln war."

Gibt es den „zeitgenössischen Denker" wirklich, oder versteckt sich in ihm nur Thomas Mann selbst? Sind die Worte des „zeitgenössischen Denkers" ein anonymes Zitat oder eine als Zitat getarnte Aussage Thomas Manns, die er durch Verweis auf die Autorität eines „Denkers" objektivieren und veredeln wollte?

Drei Kandidaten

Es gibt philologische Gründe zur Vermutung, das „Zitat" stamme nicht von Thomas Mann und er lasse hier auch nicht einen eigenen Gedanken von einem „zeitgenössischen Denkers" wie von einer objektiven Autorität aussprechen. Die Wörter Widerkräfte, Viertelsköpfe, Rücksprünge stehen nirgends sonst in seinem Werk. Der Halbsatz „ohne die das Drama des Lebens nicht vorwärts geht" ist nicht sehr elegant. „Drama des Lebens", „Spannungen des Lebens", „Bahn des Lebens" sind ziemlich plumpe Wiederholungen und klingen kitschig. Insgesamt erscheint das gesamte Zitat logisch schief. Es beginnt mit der „Richtung der Kultur" (keine sehr glückliche Wendung) und den angriffslustigen „Viertelsköpfen" und dem „Geheul", um dann übergangslos bei hehren Gedanken über das Leben zu landen – so dass es schwierig, sogar ein „Drama" sein müsse, damit der Mensch „ganz Mensch in seiner Zeit" sein könne.

Insbesondere drei Kandidaten kommen als Quellen des fraglichen Zitats in Betracht: Paul Amann, Ernst Bertram (beide gehörten zu den wenigen, mit denen Thomas Mann während der Abfassung der *Betrachtungen* korrespondierte) und Emil Hammacher, aus dessen Buch *Hauptfragen der modernen Kultur* Thomas Mann schöpfte, meist ohne Quellenangabe. Alle drei könnten das Prädikat „zeitgenössischer Denker" für sich beanspruchen. Paul Amann schied für mich zuerst aus. Er half Thomas Mann zwar großzügig mit französischen Zitaten und Informationen über Romain Rolland, teilte aber die Überzeugungen der *Betrachtungen* nicht, was Thomas Mann wusste. Ernst Bertram ist der Autor des von Thomas Mann hochgeschätzten Buches *Nietzsche. Versuch einer Mythologie.* Doch fand sich das Zitats nirgends in diesem Buch, von dem Thomas Mann einige Teile schon vor der Veröffentlichung 1918 kannte und für seine Zwecke nutzte. Auch unterscheidet sich Bertrams an Stefan George angelehnter Stil von dem des Zitats, so dass auch Bertram weder als Autor des Zitats noch als sein Anreger in Frage kommen dürfte.

Auf der Fährte

Im Folgenden möchte ich argumentieren, dass Thomas Mann das Zitat des „zeitgenössischen Denkers" selbst zusammengebaut hat, und zwar als zugespitzte Zusammenfassung von Ideen, die später in den *Betrachtungen* erörtert werden. Diese Ideen hat Thomas Mann aber im wesentlichen von Emil Hammacher übernommen, wie ein Textvergleich zwischen Passagen in den *Betrachtungen* und in Hammachers Buch *Hauptfragen der modernen Kultur* nahelegt.

Es sind Begriffe wie „Mensch", „Leben" und „Kultur", Ausdrücke wie „Spannungen des Lebens" und, im unmittelbaren Anschluss an das Zitat, Wörter wie „Problematik", „Konflikte", „Gegensätze", die uns auf die Fährte bringen, wie dieses Zitat zustande gekommen sein könnte.

Der Mensch, „der ganz Mensch ist in seiner Zeit" ist der Kultur schaffende Mensch, nicht einer, der neuen Kulturrichtungen nachläuft. Im besten Fall ist dieser Mensch ein „genialer" oder „großer" Mensch, mindestens eine Hammachersche „Persönlichkeit", „die vorzüglichste Trägerin des Allgemeinen, des Überindividuellen, das in persönlichsten Leistungen und nur in solchen den größten sachlichen Wert erzielt." Diese Bestimmung der Persönlichkeit übernimmt Thomas Mann von Hammacher in den *Betrachtungen.*

Das Zitat spricht von „Spannungen". Hammacher ebenfalls: von den „Spannungen des modernen Kulturlebens," den „Spannungen zwischen Altem und Neuem für alle Kulturgebiete", von der „Spannung des geistigen Lebens" und „des religiösen Lebens". Und wenn das Zitat des zeitgenössischen Denkers vom „Leben" spricht, ist wie bei Hammacher die Rede vom „geistige[n] Leben", das auf Werturteile, auf Metaphysisches, auf das Universale und Allgemeine nicht verzichten kann. Zu diesem Leben gehören Pathos und Leidenschaft, die zu oft von „des Gedankens Blässe vernichtet" werde. „Leben" stehe über der Wissenschaft.

Der Denker: Thomas Mann, frei nach Emil Hammacher

„Leben" steht über der Wissenschaft, steht im Gegensatz zum Rationalismus und zur Gedankenwelt des Zivilisationsliteraten. Hammacher schreibt: „Kultur ist [...] autonome Geistigkeit, Wertwirklichkeit", sie ist „gerichtet auf die Verwirklichung idealer Ziele, die in sich selbst ohne Rücksicht auf Nützlichkeit Bedeutung haben." Und:

„Die modernen Kulturprobleme erklären sich demnach zu einem Teile aus der inneren Spannung, der logischen Unverträglichkeit, die zwischen den neuen Errungenschaften und den überlieferten Lebenswerten stattfindet oder wenigstens als vorhanden geglaubt wird, samt ihren vielen konfliktreichen Wirkungen, zum anderen Teile sind sie von der Verständigung selbst, durch ihre bloße Tatsächlichkeit verursacht, ganz unabhängig davon, welche Normen von ihr gefunden werden, welche Inhalte sie aufweist." Dies nennt Hammacher „den Antagonismus zwischen Rationalismus und Leben."

Am Anfang des Kapitels „Vom Glauben" in den *Betrachtungen* fasst Thomas Mann mit dem Vokabular Hammachers zusammen, was er über den kulturellen Führungsanspruch der „Persönlichkeit" sagen will und was im Zitat des zeitgenössischen Denkers wieder erscheint: Große Menschen entwickeln sich nur in Zeiten großer Konflikte. Sie sind eben nicht die „Viertelsköpfe", die im-

mer „auf dem Laufenden" sind und „hemmungslos und frisch-
fromm-fröhlich" (d.h. „mit Geheul") sich in „ein neues Meinen der
Zeit" stürzen und jeder neuen Moderichtung folgen. Im Gegenteil:
„Persönlichkeit, das einzig Interessante auf Erden, ist immer ein
Produkt der Mischung und des Konfliktes: Zeiten, Gegensätze, Widersprüche prallen aufeinander, werden Geist, Leben, Gestalt. Persönlichkeit ist Sein, nicht Meinen."

Hammacher wird, ohne Namensnennung, im Kapitel „Politik"
als „ein Gelehrter" (eine Distinktion fast synonym mit dem „zeitgenössischen Denker") bezeichnet. Vielleicht sind die obigen Über-
einstimmungen in Vokabular und Gedanken hinreichend, ihn als
den „zeitgenössischen Denker" zu identifizieren, mindestens in
Personalunion mit Thomas Mann.

5
Nicht buchgerecht

Zur Orientierung: In diesem Kapitel erscheinen Quisquilien, die nicht einfach eine Frage beantworten oder einem Zitat nachspüren, sondern die, angeregt durch eine oder zwei appetitliche Lesefrüchte, hungrig gemacht haben auf ein bisschen mehr. Dieses „mehr" wurde aufbereitet und wird nun in einem bunten Ringelreigen aufgeführt.

Der „kleine Humor"

Witz als Inkongruenz

Thomas Manns Werke sind nicht Beispiele herausprustender Lustigkeit. Ihnen wird allzu oft (nur) das Prädikat „ironisch" zugesprochen. Dagegen stellte Thomas Mann das „herzaufquellende Lachen" über das „intellektuelle" Lächeln der Ironie. Käte Hamburger hat Thomas Manns Humor auf Harald Höffdings Begriff des „großen Humors" bezogen, womit ein umfassendes Lebensgefühl gemeint ist – in Thomas Manns Worten: eine „höhere Heiterkeit", in der Scherze „mit staunendem Respekt gemischt" sind.

Daneben gibt es Thomas Manns „kleinen Humor" des Schmunzelns. Dazu gehören Sprachscherze, die eine groteske oder komische Situationen beschreiben. Der Humor ist dabei oft in wenigen Wörtern konzentriert, und der Witz liegt in der „plötzlichen Wahrnehmung einer Inkongruenz" (Schopenhauer) von Wort und Kontext.

Beispiele aus den *Buddenbrooks* sind:

(1) „Nun, sie war gutmütiger als Sie und ich, sie wusste kaum, dass sie ‚von' hieß, sie aß Mettwurst und sprach von ihren Kühen ... " (Tony über Armgard von Schilling) Die witzige Inkongruenz liegt hier offensichtlich in der Juxtaposition von der Mettwurst und dem adeligen ‚von'.

Bei den nächsten Beispielen ist der Leser eingeladen, den durch Inkongruenz hervorgerufenen kleinen Humor selbst herauszuhören.

(2) „Mit frisch frisierten Favoris und einem Gesicht, das um diese Morgenstunde besonders rosig erschien, saß [Grünlich], den Rücken dem Salon zugewandt, fertig angekleidet, in schwarzem Rock und hellen, großkarierten Beinkleidern, und verspeiste nach englischer Sitte ein leichtgebratenes Kotelett. Seine Gattin [Tony] fand dies zwar vornehm, außerdem aber auch in so hohem Grade widerlich, dass sie sich niemals hatte entschließen können, ihr gewohntes Brot- und Eifrühstück dagegen einzutauschen."

(3) Konsul Hagenströms „Eifer in öffentlichen Angelegenheiten, die frappierende Schnelligkeit, mit der die Firma Strunk & Hagenström emporgeblüht war und sich entfaltet hatte, des Konsuls luxuriöse Lebensführung, das Haus, das er führte, und die Gänseleberpastete, die er frühstückte, verfehlten nicht, ihren Eindruck zu machen."

Komik als „inkongruentes" Auftreten von ungewöhnlichen, überraschenden Wörtern in einem ansonsten gewöhnlichen Kontext findet sich nicht nur in den *Buddenbrooks*.

(4) Hässlichkeit, Roastbeef und Tristan:

Der Protagonist in der Erzählung „Gerächt" beschreibt ein Treffen mit einer jungen Frau, Dunja Stegemann: „Noch niemals hatte ich bei einer Frau eine so unzweideutige und resolute Hässlichkeit gesehen. Beim Roastbeef kamen wir in ein Gespräch über Wagner im allgemeinen und den »Tristan« im besonderen."

(5) Der Spiritus eines lächerlichen Kochapparates ist letztlich für die Tragödie des kleinen Herrn Friedemann verantwortlich:

Die Erzählung „Der kleine Herr Friedemann" beginnt mit einer naturalistischen Beschreibung der trunksüchtigen Amme: „Was half es, dass sie [Friedemanns Mutter] ihr [der Amme] außer dem nahrhaften Bier ein Glas Rotwein täglich verabreichte? Es stellte sich plötzlich heraus, dass dieses Mädchen sich herbeiließ, auch noch den Spiritus zu trinken, der für den Kochapparat verwendet werden sollte, und ehe Ersatz für sie eingetroffen war, ehe man sie hatte fortschicken können, war das Unglück geschehen."

(6) Felix' „inkongruente" Antwort auf Professor Kuckucks Belehrung:

Kuckuck: „Was aber den vollschlanken Frauenarm angeht, so sollte man bei dieser Gliedmaße sich gegenwärtig halten, dass sie nichts anderes ist als der Krallenflügel des Urvogels und die Brustflosse des Fisches."

Felix: „Gut, gut, ich werde in Zukunft daran denken."

(7) Dr. Müller und die Hoffnungslosen aus der Erzählung „Tristan":

„Übrigens ist [...] noch ein zweiter Arzt vorhanden, für die leichten Fälle und die Hoffnungslosen. Aber er heißt Müller und ist überhaupt nicht der Rede wert."

(8) Ein netter, kindlicher Anarchist:

Ein „halbwüchsiger Chasseur", der dem neu angekommenen Felix Krull den Schlafraum im Hotel St. James and Albany zeigen soll, erklärt: „Wir sind alle sehr schlecht untergebracht. Auch die Verpflegung ist schlecht, sowie die Bezahlung. Aber an Strike ist nicht zu denken. Zu viele sind bereit, an unsere Stelle zu treten. Man sollte diesen ganzen ausbeuterischen Kasten in Asche legen. Ich bin Anarchist, müssen Sie wissen, voilà ce que je suis."

Felix kommentiert: „Er war ein sehr netter, kindlicher Junge."

(9) Der zerstreute epileptische Anfall:

Nachdem Felix seinen an Tollwut und Teufelsbesessenheit gemahnenden simulierten epileptischen Anfall vor der Musterungskommission beendet, sich vom Stuhl wieder erhoben und eine militärische Haltung anzunehmen versucht hatte, hören wir den Stabsarzt:

„Sind Sie bei Sinnen," fragte er mit einer Mischung von Ärgerlichkeit und Teilnahme in der Stimme ...

„Zu Befehl, Herr Kriegsrat," erwiderte ich in dienstfertigem Tone.

„Und bewahren Sie eine Erinnerung an das eben Durchlebte?"

„Ich bitte," war meine Erwiderung, „gehorsamst um Vergebung. Ich war etwas zerstreut."

(10) „Affenschwanz" und Kommunismus:

In „Das Eisenbahnunglück" berichtet der Erzähler, wie ein Herr in Gamaschen im benachbarten Abteil den Schlafwagenkondukteur „furchtbar zornig" anschreit: „Lassen Sie mich in Ruhe – Affenschwanz!!"

und kommentiert:

„Er gebrauchte den Ausdruck »Affenschwanz«, - ein Herrenausdruck, ein Reiter- und Kavaliersausdruck, herzstärkend anzuhören."

Nach dem Unglück werden alle Fahrgäste in einem vollgestopften Ersatzzug verstaut. Dort versucht jener Herr, „sich aufzulehnen gegen den Kommunismus", gegen den „Ausgleich vor der Majestät des Unglücks". Ihm wird geantwortet: „San S' froh, dass Sie sitzen!"

Komischer Kitsch

Nicht immer ist die Inkongruenz eine Garantie für Witz, wie das nächste Beispiel zeigt, in dem ein „himmlisches" Mädchen von „hinreißender Lieblichkeit" sich nicht einmal wäscht:

In der kurzen Erzählung „Anekdote" wird die „himmlische kleine Angela Becker" vorgestellt, deren „süßer Mund", „köstliche Grübchen" und „hinreißende Lieblichkeit" sie zum Idol der kleinen Stadt gemacht hat. Bei einer Gesellschaft, in der sie wieder einmal als herrliche Frau gepriesen wird, erhebt sich plötzlich ihr Ehemann, ein „Mitdirektor der Hypothekenbank", und eröffnet den Gästen, wie schrecklich launisch, grausam und faul sie tagsüber sei, dass sie ihn vielfach „zum Hahnrei gemacht habe", und dann ruft er:

„Sie wäscht sich ja nicht einmal! Sie ist zu träge dazu! Sie ist schmutzig unter ihrer Spitzenwäsche."

Auch Übertreibungen können zu dem Eindruck einer humorigen Inkongruenz führen. Da sind zuerst die von Madame Hupflé übermäßig gepriesenen und hinlänglich bekannten Hermesbeine. Als extremer Gegensatz dazu steht die ausführlich dargebotene Beschreibung des schwitzend nassen, von eiternden Pickeln übersäten Rückens des Operettenstars Müller-Rosés im *Hochstapler* Roman. Und irgendwo dazwischen gaukelt die kitschig-dekadente Eitelkeit von Siegmund aus „Wälsungenblut":

„Er stand jetzt vor seinem großen, weißgerahmten Empire-Spiegel, tauchte den Puderquast in die getriebene Büchse und puderte sich Kinn und Wangen, die frisch rasiert waren ; [...] Er stand dort ein wenig bunt: in rosaseidenen Unterbeinkleidern und Socken, roten Saffian-Pantoffeln und einer dunkel gemusterten wattierten Hausjacke mit hellgrauen Pelzaufschlägen."

Auslachen, Verhöhnen, Schadenfreude

Bei Thomas Mann findet sich neben humoriger Inkongruenz auch ein Humor der Überlegenheit. Dieser kann ironisch sein, aber auch hämisch; das ist dann die verletzende Schadenfreude.

Das Ur-Beispiel in der Geschichte der Schadenfreude ist die hübsche Thrakerin, die den Philosophen Thales auslacht, der, den Himmel und nicht sie betrachtend, kopfüber in den Brunnen fällt.

Grausamer ist das Lachen der Brüder, die den blutenden, gefesselten Joseph zum Brunnen schleppen, um ihn hineinzuwerfen:

„So ging's zur Grube mit Joseph mit Hoihupp und Hoihe, denn eine Art von Lustigkeit ergriff die Brüder bei dieser Fahrt, der taube Übermut vieler bei gemeinsamem Werk, so dass sie lachten und juxten und einander Blödes zuriefen, wie etwa: sie schleppten eine Garbe, wohl gebunden, die solle sich neigen ins Loch, in den Brunnen, in die Teufe hinab."

Im Vergleich zu den juxenden Brüdern wird die „dumme Frau Stöhr" im *Zauberberg* eher diskret verlacht wegen ihrer missglückten Wortbildungen wie „kosmische Anstalt", „Geld-Magnet", und „fluchtartig das Panier ergreifen". Joachim ist das unangenehm. Von Castorp wird vermeldet: „Zweimal oder dreimal ward seine Brust von innerem Lachen erschüttert über die schauderhafte Bezeichnung, deren Frau Stöhr sich in ihrer Unbildung bedient hatte."

Als in „Wälsungenblut" Herr Aarenhold „sich anheischig" macht, ein philosophisches Problem zu erklären, erleidet er „ein vollkommenes Fiasko. Die Kinder lachten ihn aus."

Vom harmlosen Auslachen zu Hohn und Spott ist es nur ein kleiner Schritt. Der Aarenhold-Sohn Kunz erwähnt die Unwissenheit eines, der „zum Five o'clock tea im Smoking erschienen sei."

„»Nachmittags im Smoking?« sagte Sieglinde und verzog ihre Lippen ...»Das tun doch sonst nur die Tiere.«

Von Beckenrath lachte eifrig ..."

Der Spott galt auch dem Lachenden.

Ein ernsthafte Dissertation über die Heiterkeit bei Thomas Mann, betitelt *Heiterkeit im Exil - ein ästhetisches Prinzip bei Thomas Mann*, mit dem Untertitel *Zur Poetik des Heiteren im mittleren und späten Werk Thomas Manns*, hat die Germanistin Sibylle Schulze-Berge verfasst (2006). Hier geht es um mehr als den „kleinen Humor". „Der große Humor" ist der Untertitel des erwähnten Buches *Humor als Lebensgefühl* (2007, zuerst 1918 veröffentlicht) von Harald Höffding (1843-1931). Käte Hamburgers Buch *Der Humor bei Thomas Mann* (1945) trägt den Untertitel „Zum Joseph-Roman", auf den es sich konzentriert. Das Buch hat einen streng-trockenen akademischen Ton und enthält nur wenige Beispiele. Siehe auch das prägnante Kapitel „Zur Ästhetik des Joseph-Roman: der Humor" in Hermann Kurzkes *Thomas Mann: Epoche – Werk – Wirkung* (4. Aufl., 2010). Weitere Sekundärliteratur zum Humor steht im neuen *Thomas Mann Handbuch* (2015), im Anschluss an den dortigen Eintrag »Humor«, Seite 307.

Das Lachen

Das nicht geheuere Lachen

Niemand hat bisher das Standardwerk über Thomas Manns Humor geschrieben. Reinhard Baumgarts anregendes Buch *Das Ironische und die Ironie in den Werken Thomas Manns* ist 40 Jahre alt. Von 1000 Seiten des Koopmann'schen *Thomas Mann Handbuchs* (2005) sind dem Humor kaum neun Seiten gewidmet, im neuen *Thomas Mann Handbuch* (2015) sind es noch weniger. Dabei hielt sich Thomas Mann für einen humoristischen Schriftsteller. Er wollte, dass seine Leser lachten.

Der aufmerksame Leser wird aber bald finden, dass es mit dem Lachen ein ganz eigenes Bewenden hat. Wo gelacht wird, da ist ein Problem verborgen.

Zum Beispiel wird in der Erzählung „Der kleine Herr Friedemann" spöttisch, überlegen, ängstlich und auch freundlich gelächelt – bis am Ende zweimal in schneller Folge vom Lachen die Rede ist: Mit einem „kurzen, stolzen, verächtlichen Lachen" packt Gerda von Rinnlingen den knienden Herrn Friedemann am Arm und schleudert ihn zu Boden. Friedemann schiebt sich nach vorn und lässt den Oberkörper ins Wasser fallen. Die letzten Worte lauten: „Bei dem Aufklatschen des Wassers waren die Grillen einen Augenblick verstummt. Nun setzte ihr Zirpen wieder ein, der Park rauschte leise auf, und durch die lange Allee herunter klang gedämpftes Lachen." Ein Lachen zum Tode.

In *Die Entstehung des Doktor Faustus* schreibt Thomas Mann über seinen Leser Franz Werfel: „Auf dem Sofa liegend hörte er sich meine ersten drei Kapitel an, und ich vergesse nicht, wie betroffen, oder soll ich sagen: ahnungsvoll beunruhigt, er sich zeigte durch Adrians Lachen, in dem er augenscheinlich sofort etwas nicht Geheueres, Religiös-Dämonisches spürte."

Triumphgelächter der Hölle

Das „nicht Geheuere, Religiös-Dämonische" in Adrians Lachen ist nicht verwandt mit dem freundschaftlichen Lachen, das er mit Rudi Schildknapp teilt, sondern ist nach Thomas Manns Regieanweisung in der *Entstehung des Doktor Faustus* ein Motiv der Kälte. Serenus Zeitblom sieht es zunächst als Anzeichen von Genialität: „Seine Lachlust schien vielmehr eine Art von Zuflucht und eine leicht orgiastische, mir niemals ganz liebe und geheuere Auflösung der Lebensstrenge, die das Erzeugnis außerordentlicher Gaben ist."

Im Teufelsgespräch lachen beide, Leverkühn und der Teufel, kalt, spöttisch, aber auch werbend. Es geht um den Vertrag, der 24 Jahre Genialität garantiert. Der Teufel lacht „geübt", „hoch und gicksend", „wie gekitzelt". Bei der Vertragsbedingung, die den armen Echo das Leben kosten wird, heißt es:

Er: "Du darfst nicht lieben."

Ich (muss wahrlich lachen): „Nicht lieben! Armer Teufel!"

Das Lachen wird zum Pandämonium in Adrians später Musik. Zeitblom berichtet:

„Ich schreibe es in ergriffener Abwehr nieder, [...] die Erinnerung an das Pandämonium des Lachens, das Höllengelächter, das, kurz, aber grässlich, den Abschluss des ersten Teils der »Apocalypsis« bildet."

Und weiter in Zeitbloms Aufzeichnung:

„Immer habe ich Adrians Neigung zum Lachen gefürchtet, [....] - und dieselbe Furcht, dieselbe scheue und sorgende Unbeholfenheit empfinde ich bei diesem durch fünfzig Takte hinfegenden, mit dem Gekicher einer Einzelstimme beginnenden und rapide um sich greifenden, Chor und Orchester erfassenden, unter rhythmischen Umstürzen und Konterkarierungen zum Tutti-Fortissimo grauenhaft anschwellenden, überbordenden, sardonischen Gaudium Gehennas, dieser aus Johlen, Kläffen, Kreischen, Meckern, Röhren, Heulen und Wiehern schauderhaft gemischten Salve von Hohn- und Triumphgelächter der Hölle."

Zähnebleckendes Lachen in „Der Tod in Venedig"

Ein teuflisches Lachen deutet sich schon früh im „Tod in Venedig" an. Die rothaarige „nicht ganz gewöhnliche Erscheinung" am Friedhof, der Aschenbach auf seinem Spaziergang gewahr wird, „grimassierte": „seine Lippen schienen zu kurz, sie waren völlig von den Zähnen zurückgezogen, dergestalt, dass diese, bis zum Zahnfleisch bloßgelegt, weiß und lang dazwischen hervorbleckten."

Der Zahlmeister auf dem Dampfer nach Venedig ist eine Verkörperung der mythischen Charon-Figur, des Fährmanns, der gegen einen Obulus die Toten über den Fluss Acheron zum Eingang des Hades bringt. Als Aschenbach sein Fahrgeld bezahlt, grimassiert auch dieser „ziegenbärtige [...] Mann von der Physiognomie eines altmodischen Zirkusdirektors".

An Bord wird Aschenbach Zeuge eines verdrießlichen Auftritts eines übertrieben modisch aufgemachten, geschminkten alten Gecken mit Perücke und Strohhut, eines falschen Jünglings, „sein gelbes und vollständiges Gebiss, das er lachend zeigte, ein billiger Ersatz".

Dem Höllengelächter im *Doktor Faustus* am nächsten kommt der „Bariton-Buffo" aus dem „Tod in Venedig" mit seiner „bemerkenswerte[n] komische[n] Energie". Der Buffo hat rote Haare unter seinem Filzhut, ein stumpfnäsiges Gesicht und „ein Lächeln tückischer Unterwürfigkeit entblößte seine starken Zähne". Im Schlusslied mit Lach-Refrain bricht der Spaßmacher in ein Hohngelächter aus, er schluchzt, heult, ein unbändiges Lachen platzt aus ihm heraus, und zum Abschied zeigt er allen frech die Zunge. Aschenbach ist unangenehm berührt.

Das Lachen auf dem Zauberberg

Nach Aschenbachs Tragödie wollte Thomas Mann eine leichtere Novelle schreiben, ein Satyrspiel als humoristisches Gegenstück zu „Der Tod in Venedig". Doch dann brach der Weltkrieg aus und die *Betrachtungen* mussten geschrieben werden. Aus der ursprünglich geplanten Novelle wurde der Roman *Der Zauberberg*. Wenn Leverkühn im *Doktor Faustus* ein kaltes Höllengelächter entgegenschallt und für Aschenbach das sieche Venedig mit seinem Karbolgeruch und Hohngelächter zum Purgatorium wurde, dann ähneln dagegen das Sanatorium „Berghof" eher dem dantischen Limbo, in dem die Entscheidung zwischen Leben und Tod noch nicht gefallen ist.

Wer die Geißendörfer Verfilmung gesehen hat, weiß, dass im Berghof wenig gelacht wird, und wenn, dann als Krankheitssymptom oder wenn die aufgeheizte Stimmung sich in ein „homerisches Gelächter" entlädt.

Da ist noch das unkontrollierbare Kiechern der hochbrüstigen Marusja, die sich vor lauter Peinlichkeit ihr Tüchlein mit dem Apfelsinengeruch vor den Mund presst, während Joachim, wortlos in sie verliebt, den Blick abwendet. Es sind die Frauen am Tisch, mehr als die Männer, die sich ein Lachen erlauben.

Gelächter ist kein Ausdruck von Freude. „Die unanständigste und ekelhafteste Lache" wird beim Pleurachoc hörbar, einem geradezu „höllischen Abenteuer", den der „liebe Gott Ihnen erspare". Man erinnert sich auch des gutmütigen Ferge „und des Gelächters, das er im Abschnappen ausgestoßen."

Um Settembrinis Credo von der Vernünftigkeit des Menschen zu widerlegen, beschreibt Naphta seinen Besuch in der Irrenanstalt, dem „Unruhigen Hause": „Dantische Szenen, groteske Bilder des Grauens und der Qual: die nackten Irren im Dauerbade hockend, in allen Posen der Seelenangst und des Entsetzensstupors, einige in lautem Jammer schreiend, andere mit erhobenen Armen und klaffenden Mündern ein Gelächter ausstoßend, worin alle Ingredienzien der Hölle sich gemischt hatten ..." Lachen ist vor allem dem Teufels angemessen und, wie beim Pleurachoc, ein Vorbote des Todes.

Das Lachen in Weimar

Der Ort: Das Gasthaus „Zum Elephanten", Weimar, im September 1816.

Im Roman *Lotte in Weimar* hören wir Adele Schopenhauer, Schwester des Philosophen, sagen, es sei der Ehrgeiz ernster Männer, ihre Zuhörer zum Lachen zu bringen. Sie wundert sich: „Ich habe oft darüber nachgedacht, was es bedeutet, wenn ein so ungeheuerer Mann, der so viel durchlebt und getragen und ausgeführt, die Menschen so gerne zu schallendem Gelächter bringt." Die Rede ist von Goethe. (Und Thomas Mann meint damit auch sich selbst.) Lotte sagt dazu, er sei eben trotz seiner Größe jung geblieben.

Als Lotte den 67-jährigen Dichter drei Tage später beim Mittagstisch am Frauenplan beobachtet, sieht sie, dass er nicht mehr der junge Werther ist. Sie ist ja auch schon 63, ihr Kopf zittert bisweilen. Wenn der berühmte Mann einen Witz macht, ertönt sehr wohl Beifallsgelächter, das aber aus Liebedienerei und Devotion schallend und überlaut ausfällt, vielleicht weil sich in der Tafelrunde heimlich die Vermutung breitmacht, an dem (angeblich chinesischen) Sprichwort „Der große Mann ist ein öffentliches Unglück" sei etwas Wahres. Durch Lottes Augen sehen wir: „Goethe lachte ebenfalls, ohne die Lippen zu trennen, vielleicht um seine Zähne nicht blicken zu lassen."

Mit schlechten, kariösen Zähnen lacht es sich nicht gut. Das kennen wir Leser von Thomas Buddenbrooks und Detlef Spinell. Auch der oft photographierte Thomas Mann zeigte nie seine Zähne. Starke weiße Zähne (Beispiel: Gerda Buddenbrook) haben nur die lebensstarken, also die langweiligen Menschen.

Erinnern und Vergessen

Der raunende Beschwörer des Imperfekts

Geschichte und Geschichten spielen sich beide in der Zeit ab, aber in verschiedener Weise. Dieses Thema behandelte Thomas Mann essayistisch im Abschnitt „Strandspaziergang" zu Anfang des siebenten Kapitels des *Zauberberg*. Er war nicht der erste, oder originellste, Schriftsteller, der über den Unterschied von Erzählzeit und erzählter Zeit nachdachte. Doch er gab dieser Gegenüberstellung neue, sprechende Namen: die historische ist die „musikalisch-reale" Zeit, die erzählte die „imaginäre" oder „inhaltliche" Zeit, die im Zusammenhang mit der Erzähltechnik im *Zauberberg* auch „variable Geschwindigkeit" heißen könnte. Denn dort lesen wir anfangs lange Kapitel über nur kurz dauernde Geschehnisse: die Ankunft Hans Castorps und seine erste Begegnungen mit den Tischgenossen und mit Settembrini. Später folgen flott erzählte Kapitel, die über lange Zeiträume berichten, so dass es scheint, als werde nun beschleunigt erzählt. Geschichte und Geschichten dienen beide der Erinnerung – an Ereignisse, Gedanken, Erfahrungen der Vergangenheit. Der Bewahrer dieser Erinnerung ist der „raunende Beschwörer des Imperfekts".

Erinnert wird vor allem an Verderben, Schuld und Unglück. Thomas Mann kannte Nietzsches Wort, dass das größere Glück im Vergessen liegt:

„Bei dem kleinsten aber und bei dem größten Glücke ist es immer Eines, wodurch Glück zum Glücke wird: das Vergessen-können oder, gelehrter ausgedrückt, das Vermögen, während seiner Dauer unhistorisch zu empfinden." Deshalb sei es „möglich, fast ohne Erinnerung zu leben, ja glücklich zu leben, wie das Thier zeigt: es ist aber ganz und gar unmöglich, ohne Vergessen überhaupt zu leben."

So steht es geschrieben in Nietzsches „Vom Nutzen und Nachteil der Historie für das Leben" (1874).

142

Tony erinnert sich und Hanno vergisst

Am Anfang: Tony, achtjährig, rezitiert den Katechismus:

„»Ich glaube, daß mich Gott [...] geschaffen hat samt allen Krea-
turen«, und schnurrte nun, glückstrahlend und unaufhaltsam, den
ganzen Artikel daher ..."

„»Dazu Kleider und Schuhe [...] Essen und Trinken, Haus und
Hof, Weib und Kind, Acker und Vieh ...« Bei diesen Worten aber
brach der alte M. Johann Buddenbrook einfach in Gelächter aus,"

weil sich Tonys Gedächtnis mit kleinmädchenhafter Phantasie
gepaart hatte.

Jahre später geht es nicht um ihr Gedächtnis, sondern sehr viel
trauriger um das Nicht-Vergessen. Tony hat sich in Morten
Schwarzkopf verliebt und die beiden wollen heiraten. Das kommt
aber nicht in Frage, Bendix Grünlich hat frühere Rechte, und der
alte Buddenbrook entsendet seinen Sohn Thomas, Tonys Bruder,
der sie aus Travemünde nach Hause zurückholen soll. Tony sitzt
„in ihren Winkel gedrückt, hielt das Taschentuch mit beiden Händen vors Gesicht und weinte bitterlich." Thomas, der sich unter
dem Aufwand bürgerlicher und standesgemäßer Vernunft von
dem hübschen Blumenmädchen Anna, seiner ersten und wahren
Liebe, getrennt hatte, versucht zu trösten: „Das gibt sich. Man ver-
gisst." Tony: „Aber ich will ja gerade nicht vergessen! Vergessen ...
ist das denn ein Trost?" Dieses tragische Aufflackern erlischt aber
bald und macht Platz für eine lebenslange tapfere Larmoyanz und
das trotzigen Wort, sie sei schließlich keine Gans und kenne das
Leben.

Zur Feier des hundertjährigen Firmenjubiläums will Hanno ein
Gedicht vortragen, Uhlands „Schäfers Sonntagslied":

„»Das ist der Tag des Herrn«, sagte er ganz leise, und desto stär-
ker klang die Stimme seines Vaters, der ihn unterbrach: »Einen
Vortrag beginnt man mit einer Verbeugung, mein Sohn!«

»Ich bin allein auf weiter Flur«, sagte er noch, und dann war es endgültig aus."

Hanno hatte die Verse vergessen.

Am Ende des Romans, sechs Monate nach Hannos Tod, finden sich zehn Frauen in Gerda Buddenbrooks Zimmer zu einem Erinnerungstreffen ein.

„Man blickte sich nicht an [...]. Und dann rief man sich jene letzte Episode ins Gedächtnis zurück ... den Besuch dieses kleinen, abgerissenen Grafen [...]. Hanno hatte gelächelt, als er seine Stimme vernahm, obgleich er sonst niemanden mehr erkannte, und Kai hatte ihm unaufhörlich beide Hände geküßt."

Das Familienalbum, das schriftliche Erinnerungsinstrument der Buddenbrooks, in dem Hanno unter seinem Namen einen waagerechten Schlussstrich gezogen hatte, ist auf Tony übergegangen. Sie will nicht vergessen und versichert der Runde: „Solange ich am Leben bin, wollen wir hier zusammenhalten, wir paar Leute, die wir übrigbleiben ... Einmal in der Woche kommt ihr zu mir zum Essen ... Und dann lesen wir in den Familienpapieren."

Nostalgischer Besuch in Weimar

Es wurde oben schon erzählt: Charlotte Kestner, geb. Buff, besuchte im Jahr 1816 den alternden Goethe, 44 Jahre nachdem sie, keusch verliebt in den coolen Dichter Johann Wolfgang aber verlobt mit Johann Christian Kestner, das literarische Vorbild der Lotte im Roman *Die Leiden des jungen Werthers* gewesen war.

„Es ist ein eigen Ding [...] um die Erinnerung," sinniert Goethes Sohn August in seinem Gespräch mit Charlotte. Sie ergänzt: „Der Erinnerung zu leben ist eine Sache des Alters und des Feierabends nach vollbrachtem Tagwerk."

Charlottes Tagwerk war ihre Familie. Goethe dagegen zelebriert noch immer sein Leben und Werk in steifer Würde. Er ist Seine Ex-

zellenz, die Charlottes Besuch am liebsten vergessen will: „Konnt'
sie sich's nicht verkneifen, die Alte, und mir's nicht ersparen?"

Wir fühlen für Charlotte und nehmen ihr den dummen „Schul-
mädelstreich" nicht übel, nämlich, Goethe dadurch an seine tolle
Werther-Zeit zu erinnern, dass an ihrem weißen Kleid absichtlich
eine der blassroten Schleifen fehlt, die Werther-Goethe bei ihrem
ersten Treffen bemerkt und später als Erinnerungspfand empfangen hatte.

Aus geringem Anlass, dem sentimentalen Besuch, entsteht im
Roman eine ungewöhnlich interessante intellektuelle Komödie. Als
Gegenentwurf zu dem glatten Klassiker Goethe tritt ein manchmal
grotesker, sehr menschlicher Goethe auf. Er ist der geschichtliche
Weimarer von 1816, gewinnt aber Relief erst in der Phantasie des
Autors Thomas Mann, der sich gern in Goethe spiegelte, diese Eitelkeit aber erträglich macht, indem er in Goethes erinnerter Gestalt
auch sich selbst ironisiert und seine „Größe" durch Charlottes
praktische, aber einfühlsame, ja scharfsichtige Psychologie erfri-
schend entzaubert.

Tief ist der Brunnen der Vergangenheit

Nirgends hat Thomas Mann eindringlicher über Erinnerungen
geschrieben als im „Höllenfahrt"-Vorspiel zu den Joseph-Romanen, und nie war er schwerer verständlich.

Auch wenn hier Joseph der lernwillige Schüler ist, der mit Hilfe
seines Lehrers Eliezer aus dem „Brunnen der Vergangenheit"
schöpft, geht es doch nicht eigentlich ums Memorieren, sondern
um die Erinnerung der Menschheit an Ur-sprünge, die weniger in
konkret erlebter Historie liegen als in abstrakten, gleichsam zeitlo-
sen Mythen, die immer wiederholt werden: die Schöpfungsge-
schichte, der Sündenfall, die Sintflut, der Turmbau zu Babel. Und
dies sind nur unsere biblischen Versionen – in anderen Kulturen
gibt es lokale Entsprechungen:

„So gibt es Anfänge bedingter Art, welche den Ur-Beginn der besonderen Überlieferung einer bestimmten Gemeinschaft, Volkheit oder Glaubensfamilie praktisch-tatsächlich bilden, so dass die Erinnerung, wenn auch wohl belehrt darüber, dass die Brunnenteufe damit keineswegs ernstlich als ausgepeilt gelten kann, sich bei solchem Ur denn auch national beruhigen und zum persönlich-geschichtlichen Stillstande kommen mag."

Aber wer erzählt, der wandert auch, wie der Mond: „Schon längst sind wir unterwegs und haben die Station, wo wir flüchtig verweilten, schon weit zurückgelassen, sie schon vergessen, uns schon mit der Welt, der wir entgegenblicken, die uns entgegenblickt, nach Reisendenart von weitem in Beziehung gesetzt [...]."

Damit nicht genug. Im Joseph-Roman wird nicht nur die Bibel nacherzählt und neu-erzählt (z.B. in variierten Schöpfungsmythen), sondern zum Autor Thomas Mann und den Figuren (Jakob, Joseph, usw.) gesellt sich noch der Erzähler als Mitspieler und Kommentator: „Thomas Manns Anspruch ist es, nicht nur die Geschichte, sondern auch ihr Erzähltwerden zu erzählen" (Hermann Kurzke in *Mondwanderungen*).

Selbstvergessenheit I

Wenn Hans-Georg Gadamer in seinem Beitrag zu Reich-Ranickis *Was halten Sie von Thomas Mann* dessen „Ziselierkunst" erwähnt, der es aber an der nötigen „Selbstvergessenheit" fehle, wie sie etwa die großen Romanciers wie Tolstoi und Dostojewski auszeichne, muss man wohl zunächst zustimmen, jedenfalls, wenn man das mit zäher Ausdauer geschaffene Werk und den selbst-bewussten, sich stets bedeckt haltenden Autor von außen ansieht.

Seine innerhalb des Werks lebenden Figuren aber kennen die Selbstvergessenheit sehr gut. In „Tonio Kröger" verfolgt Tonios früher Schwarm, Inge Holm, „mit einem selbstvergessenen Lächeln Herrn Knaaks Bewegungen" beim Tanzunterricht. Tonios eigenes Gefühl, als er erwachsen ist und zurückblickt, ist melancholischer: „Er genoss ein tiefes Vergessen, ein erlöstes Schweben über Raum und Zeit, und nur zuweilen war es, als würde sein Herz von einem Weh durchzuckt, einem kurzen, stechenden Gefühl von Sehnsucht oder Reue, das nach Namen und Herkunft zu fragen er zu träge und versunken war."

Harmloser, unbeschwerter, die Umwelt vergessend, leben der Marquis de Venosta und Zaza miteinander. Felix Krull sieht, dass Venosta „bis zur Selbstvergessenheit und zur völligen Gleichgültigkeit gegen alle Beobachtung verliebt in sie war, behext von dem Anblick ihres appetitlichen Decolletés, ihrem Geplauder, den kleinen Zaubereien ihrer schwarzen Augen."

Mit seinen erfundenen Geschichten kann Felix den König Dom Carlos I. die lästige Politik vergessen machen. „Der König hielt sich die Seiten vor Lachen, – und wirklich, es ist eine herzinnige Freude, einen gekrönten Mann der Sorge, mit einer wühlerischen Partei im Lande, so selbstvergessener Belustigung hingegeben zu sehen."

Selbstvergessenheit II

Den befreienden Schritt von der Selbstgewissheit zur Selbstvergessenheit hat Thomas Mann öffentlich nie gemacht, aber in seinen Tagebüchern privat erprobt und sonst lieber seinen Figuren überlassen. Aschenbach will anfangs ganz bewusst seiner Arbeit entfliehen und sich zum Vergessen zwingen: „Fluchtdrang war sie, daß er es sich eingestand, diese Sehnsucht ins Ferne und Neue, diese Begierde nach Befreiung, Entbürdung und Vergessen, – der Drang hinweg vom Werke, von der Alltagsstätte eines starren, kalten und leidenschaftlichen Dienstes." Die überraschende Sehnsucht nach der Fremde wird mit Vernunftgründen, mit Reiselust, abgetan: „Ein Gefühl, so lebhaft, so neu oder doch so längst entwöhnt und verlernt, dass er, die Hände auf dem Rücken und den Blick am Boden, gefesselt stehen blieb, um die Empfindung auf Wesen und Ziel zu prüfen. Es war Reiselust, nichts weiter."

Doch nachdem er Tadzio gesehen hat, gibt sein apollinisches Vergessenwollen dem dionysischen Selbstvergessen nach. Verzweifelt wehrt er sich: „Groß war seine Abscheu, groß seine Furcht, redlich sein Wille, bis zuletzt das Seine zu schützen gegen den Fremden, den Feind des gefassten und würdigen Geistes." Es nützt ihm nichts: der Feind wird siegen: „Als Aschenbach seine Arbeit verwahrte und vom Strande aufbrach, fühlte er sich erschöpft, ja zerrüttet, und ihm war, als ob sein Gewissen wie nach einer Ausschweifung Klage führe." Bevor er stirbt, ergibt er sich dem Selbstvergessen:

„Und zurückgelehnt, mit hängenden Armen, überwältigt und mehrfach von Schauern überlaufen, flüsterte er die stehende Formel der Sehnsucht, – unmöglich hier, absurd, verworfen, lächerlich und heilig doch, ehrwürdig auch hier noch:

»Ich liebe dich!«"

Selbstvergessenheit III

Während Thomas Mann die Korrekturbögen für sein „ketzerisches Buch", die *Betrachtungen eines Unpolitischen*, las, schrieb er, um „erst einmal wieder das Handgelenk zu üben", die Idylle „Herr und Hund".

Wieder ist es das Wasser (wie woanders das mystische Meer, die Ostsee), das den Erzähler zu folgendem Geständnis veranlasst:

„Für meine Person bekenne ich gern, dass die Anschauung des Wassers in jederlei Erscheinungsform und Gestalt mir die weitaus unmittelbarste und eindringlichste Art des Naturgenusses bedeutet, ja, dass wahre Versunkenheit, wahres Selbstvergessen, die rechte Hinlösung des eigenen beschränkten Seins in das allgemeine mir nur in dieser Anschauung gewährt ist."

Obwohl hier von Unmittelbarkeit, Versunkenheit, wahrem Selbstvergessen des Erzählers die Rede ist, merkt der Leser noch die „Ziselierkunst" des bewusst komponierenden Autors.

Der jüngere Thomas Mann lässt die lyrischen Zügel ausnahmsweise einmal schießen, wenn er in den *Buddenbrooks* zwar nicht ausdrücklich über Selbstvergessenheit, aber immerhin über die „grüne und blaue Unendlichkeit" des Meeres rhapsodiert:

„[D]er Vormittag am Strande, während droben die Kurkapelle ihr Morgenprogramm erledigte, dieses Liegen und Ruhen zu Füßen des Sitzkorbes, dieses zärtliche und träumerische Spielen mit dem weichen Sande, der nicht beschmutzt, dieses mühe- und schmerzlose Schweifen und Sichverlieren der Augen über die grüne und blaue Unendlichkeit hin, von welcher, frei und ohne Hindernis, mit sanftem Sausen ein starker, frisch, wild und herrlich duftender Hauch daherkam, der die Ohren umhüllte und einen angenehmen Schwindel hervorrief, eine gedämpfte Betäubung, in der das Bewusstsein von Zeit und Raum und allem Begrenzten still selig unterging ..."

Buchgerechtes über Erinnern, Vergessen, Selbstvergessen

Sigmund Freud: *Psychopathologie des Alltagslebens - Über Versprechen, Vergessen, Vergreifen, Aberglaube und Irrtum.*

Ricoeur: *Gedächtnis, Geschichte, Vergessen* (aus dem Französischen: *La Mémoire, l'Histoire, l'Oubli*).

Reinhard Baumgart: *Selbstvergessenheit - Thomas Mann. Franz Kafka. Bertolt Brecht.*

Harald Weinrich: *Lethe - Kunst und Kritik des Vergessens.* Siehe auch ders: *Tempus: Besprochene und erzählte Welt.*

Freuds bekanntes Buch verlässt sich oft auf seine persönlichen Erfahrungen mit „psychischen Fehlleistungen". Seine nachträglich angebotene theoretische Erklärung ist recht dünn und vorhersehbar (unterbewusstes Verdrängen). Ricoeurs Buch ist schwierig zu lesen, handelt mehr vom historischen als vom individuellen Vergessen. Baumgart ist anregend, aber leider essayistisch kurz.

Harald Weinrich gehört zu den wenigen Gelehrten, die die Dreieinigkeit professoraler Tüchtigkeit vollendet beherrschen: (1) er schürft aus tiefen Quellen, (2) er ist theoretisch versiert und trotzdem originell, (3) er schreibt wie ein musikalischer Schriftsteller. 1977 wurde ihm der Sigmund-Freud-Preis für wissenschaftliche Prosa verliehen.

Nackte Arme und schöne Beine

Zu den Motiven, die nicht eine einzelne Erzählung programmatisch bestimmen oder einen Roman dominieren sondern verstreut sind über das gesamte Werk Thomas Manns, gehören nackte Arme und schöne Beine. Die nackten, bloßen oder entblößten Armen gehören meist jungen Frauen, die schönen Beine aber, Hermesbeine, Läuferbeine und sehnige Beine, seltener auch hagere und dicke Säulenbeine, den Jünglingen und, seltener, den Männern.

Gefallen

In der frühen Novelle „Gefallen" von 1894 wird Irma Weltner, Schauspielerin am Goethe-Theater in P. mit Worten umschrieben und in einen Stil eingesponnen, der auch dem späten Thomas Mann, etwa bei dem Bildnis Zouzous im *Felix Krull*, noch zur Verfügung stand:

„Das Mädchen war wirklich hübsch. Kindlich zarte Gestalt, mattblondes Haar, fromme, lustige grau-blaue Augen, feines Näschen, unschuldig-süßer Mund und weiches, rundes Kinn. Er verliebte sich zuerst in ihr Gesicht, dann in ihre Hände, dann in ihre Arme, welche er gelegentlich einer antiken Rolle entblößt sah, - und eines Tages liebte er sie ganz und gar. Auch ihre Seele, welche er noch gar nicht kannte." Zum Leidwesen des namenlosen Liebhabers ist die Seele, die auch am Ende noch einen Fliederduft zu verbreiten scheint, nicht die einer Heiligen – sowas können sich nur die Reichen leisten.

Der kleine Herr Friedemann

Auch den kleinen Herrn Friedemann, der zu lange, magere Arme hat, umgeben Düfte, erst der Duft einer gelben Rose, dann der Duft von Jasmin. Zudem hatte er bei seinem Besuch der Frau von Rinnlingen „den Duft ihrer Brust atmen müssen (...) dass ihm der Atem verging." Kurz vorher, er sitzt neben Frau von Rinnlingen in einer Theaterloge, wird er fast ohnmächtig beim Anblick ihres Armes:

„Herr Friedemann war bleich, viel bleicher, als gewöhnlich, und unter dem glattgescheitelten braunen Haar standen kleine Tropfen auf seiner Stirn. Frau von Rinnlingen hatte von ihrem linken Arm, der auf dem roten Sammet der Brüstung lag, den Handschuh gestreift, und diesen runden, mattweißen Arm, der wie die schmucklose Hand von ganz blaßblauem Geäder durchzogen war, sah er immer; das war nicht zu ändern."

Königliche Hoheit

Eine schlimme, vor den Augen seiner Untertanen zu verbergende Behinderung hat auch Prinz Klaus Heinrich in *Königliche Hoheit* von 1909. „Sein linker Arm hing dünn und zu kurz mit seiner bräunlichen, runzligen und unentwickelten Hand von der Schulter hinab." Dieses bedauerliche und ihm unangenehme, aber öffentlich nicht erwähnte Faktum wird im Roman mehrmals wiederholt: „Sein linker Arm war zu kurz, die Hand verkümmert, man wusste es und kannte sogar verschiedene Erklärungen für die Entstehung dieses Gebrechens, ohne dass Ehrfurcht und Abstand doch erlaubt hätten, es klar zu sehen oder es auch nur eigentlich zuzugeben."

Wie Friedemann geht auch der Prinz ins Theater, wo er die reiche Imma Spoelmann heimlich durch ein Opernglas bewundert. Imma, wie Frau von Rinnlingen, hatte „den bloßen Arm auf die Sammetbrüstung" gelegt, und was der Prinz sah, gefiel ihm ganz außerordentlich: „Ihre Arme waren wohl ausgebildet, und man konnte sehen, dass sie Sport trieb und Pferde zügelte. Aber vom Handgelenk wurde auch der Arm wie der eines Kindes."

Das Kindliche sowie die runden, wohl ausgebildeten Arme findet er bei anderer Gelegenheit wieder, als er sie beobachtet „in dem roten Phantasiegewande, das, aus einem Stück gearbeitet, ihre wohlausgebildete und dennoch kindliche Gestalt umschloß, indem es ihre bräunlichen Schultern und ihre Arme freiließ, die rund und fest waren und dennoch vor dem Handgelenk wie die eines Kindes wurden."

Auch Thomas Mann hatte zu jener Zeit seine Gebrechen. Nicht zuletzt war ihm die Ehepflicht beschwerlich, während Katia, jungenhaft auf den frühen Fotos, zu den „Bräunlichen" gehörte und die Zügel der wachsenden Familie in der Hand hatte.

Doktor Faustus

Eine andere „Bräunliche", die Hetaera Esmeralda, lernen wir aus einem Brief Adrian Leverkühns an Serenus Zeitblom, den Chronisten im *Doktor Faustus*, kennen: „Neben mich stellt sich dabei eine Bräunliche, in spanischem Jäckchen, mit großem Mund, Stumpfnase und Mandelaugen, Esmeralda, die streichelt mir mit dem Arm die Wange."

Zeitblom schmückt in seiner Erregung, hier ein unerhörtes Geheimnis mit dem Freund zu teilen, diese briefliche Stelle phantasievoll aus: „Ich sah die Stumpfnäsige neben ihm – Hetaera Esmeralda – gepuderte Halbkugeln im spanischen Mieder –, sah sie mit dem nackten Arm seine Wange streicheln."

Aus dem Arm ist der nackte Arm geworden, das spanische Jäckchen ist jetzt gefüllt mit gepuderten Halbkugeln (die auch Faustus, allerdings an anderer Stelle, seinen Besuch in einer „Schlupfbude" beschreibend, erwähnte).

Siehe hierzu auch Holger Rudloffs interessantes Buch *Gregor Samsa und seine Brüder. Kafka - Sacher-Masoch -Thomas Mann* (1997), besonders Kapitel 6, "Gregor Samsa und Adrian Leverkühn".

Ein Glück

1904, ein Jahr vor seiner Heirat, veröffentlichte Thomas Mann die Erzählung „Ein Glück" in der *Neuen Rundschau*, 1914 im Sammelband *Das Wunderkind* wieder abgedruckt. Diese Auftragsarbeit hat von etlichen Kritikern das Etikett „Kitsch" erhalten, und so sei hier nur von der hübschesten der in der Erzählung auftretenden „Schwalben" mit Namen Emmy gesagt, dass natürlich auch sie mit „weich und lockend geformten Armen" ausgestattet ist.

Wälsungenblut

Ebenfalls früh (1906) geschrieben und erst spät (1921) veröffentlicht wurde die Inzest-Erzählung „Wälsungenblut". Wenn man sie nicht als Persiflage von Wagners „Die Walküre" ansehen will, darf man sie wegen der (heute mehr als damals) sträflichen Anhäufung jüdisch-stereotypischer Merkmale der auftretenden Familienmitglieder fragwürdig nennen, oder einfacher: Kitsch. Bei den verwöhnten Zwillingen Siegmund und Sieglinde wird für die sexuelle Stimmungsmache wieder die bekannte Arm-Erotik angewendet: „Ihre nackten Arme berührten sich, sie hielten einander bei den Schläfen, blickten sich in die Augen und ihre Münder waren sich nahe beim Singen."

Die vertauschten Köpfe

Expliziter geht es zu in der langen Erzählung „Die vertauschten Köpfe" von 1940. Dort werden die Freunde Nanda und Schridaman zu Voyeurs, als sie Sita beim Baden beobachten. Die Bewunderer sind von Sitas Lianenarmen und zarten Achselhöhlen fasziniert. Sita ist nackend

„mit süßesten Kinderschultern und wonnig geschwungenen Hüften dazu, die eine geräumige Bauchfläche ergaben, mit jungfräulich starrenden, knospenden Brüsten und prangend ausladendem Hinterteil, sich verjüngend nach oben zum schmalsten, zierlichsten Rücken, der geschmeidig eingebogen erschien, da sie die Lianenarme erhoben und die Hände im Nacken verschränkt hielt, so daß ihre zarten Achselhöhlen sich dunkelnd eröffneten."

Im Verlauf der komplizierten, märchenhaften Erzählung, in der Sita Schridaman heiratet, aber im Ehebett an den attraktiveren, muskulösen Nanda denkt, schlagen sich erst Schridaman, dann auch Nanda im Opferraum eines Felsentempels den eigenen Kopf ab. Als Sita die toten Männer daliegen sieht, sinniert sie noch einmal über Nandas Arme und Beine nach:

„Ich könnte ihn anrühren, ich könnte die Kraft und Schönheit seiner Arme und Schenkel berühren, wenn mir danach zu Mute wäre."

Die Betrogene

Auch in seiner letzten Erzählung „Die Betrogene" hat der Held kräftige Arme. Es handelt sich nicht um einen Schmied wie Nanda, sondern um den Amerikaner Ken, einen einfachen Kerl mit muskulösen Armen, die Rosalie geradezu erschüttern:

„Er machte sich nicht das geringste daraus, dass er (...) seine Jacke einfach über sein weißes, ärmelloses Trikothemd gezogen hatte und nun also seine bloßen Arme zeigte, - sehr ansehnliche, runde, kräftige, weiße junge Arme, die es ganz glaubhaft machten, dass er auf dem College in „athletics" ebenso gut gewesen war wie in Geschichte."

Der Zauberberg

Um Thomas Mann zu erschüttern, von einem Körperbau ergriffen zu machen, bedarf es weniger der Arme als der Beine, auch wenn sie „etwas krumm" sind. Über Oswald Kirsten, der das Vorbild für Hans Castorp im *Zauberberg* abgab, schreibt er am 1.8.1919:

„Wir sahen abends, wie die beiden jungen Männer Kirsten behülflich waren, ein Boot ins Wasser zu bringen. Der, der mich durch seinen blonden Typus an A. M. (Armin Martens) erinnert, war nachher mit uns auf der Brücke. Seine Beine sind etwas krumm, die Figur, obwohl schlank, neigt zur Vierschrötigkeit, der Gang zum schiffermäßig Wiegenden. Die blauen Augen liegen tief und nahe beieinander, die Nase ist aufgeworfen, ohne eigentlich Stumpfnase zu sein, der Teint etwas unrein. Haarfarbe und Kopfform sind wie bei A. M., auch der Körperbau erinnert an ihn. Diese Erinnerung ergreift mich."

Hans Castorp wird, wie Friedemann und vor ihm der junge Mann in „Gefallen", durch einen „organischen Duft" in eine erotische Phantasie über die „unaussprechliche Süßigkeit" schöner Arme versetzt. In seinem Liegestuhl eingeschlummert, hat Castorp eine Vision:

"Er sah das Bild des Lebens, seinen blühenden Gliederbau, die fleischgetragene Schönheit. Sie hatte die Hände aus dem Nacken gelöst, und ihre Arme, die sie öffnete und an deren Innenseite, namentlich unter der zarten Haut des Ellbogengelenks, die Gefäße, die beiden Äste der großen Venen, sich bläulich abzeichneten, - diese Arme waren von unaussprechlicher Süßigkeit. Sie neigte sich zu ihm, über ihn, er spürte ihren organischen Duft, spürte den Spitzenstoß ihres Herzens. Heiße Zartheit umschlang seinen Hals, und während er, vergehend vor Lust und Grauen, seine Hände an ihre äußeren Oberarme legte, dorthin, wo die den Triceps überspannende, körnige Haut von wonniger Kühle war, fühlte er auf seinen Lippen die feuchte Ansaugung ihres Kusses."

Beim Fasching wird die Vision Wirklichkeit. Clawdia trägt zum Fasching ein dunkelgoldbraunes Seidenkleid, bei dem die Arme ... Nach diesen drei gedankenvollen Punkten schreibt Thomas Mann:

„Wir sagen von den Armen hier nichts mehr. Sie waren nackt bis zu den Schultern hinauf."

Wenig später „glitt sie vom Stuhl, glitt über den Teppich zur Tür, in deren Rahmen sie zögerte, halb rückwärts gewandt, einen ihrer nackten Arme erhoben, die Hand an der Türangel. Über die Schultern sagte sie leise:

»N'oubliez pas de me rendre mon crayon.«

Und trat hinaus."

Über die verabredete Zusammenkunft beider im Zimmer # 7 sind schriftliche Einzelheiten nicht bekannt. Der Phantasie bleiben somit alle Türen offen, aber das in der Vision erwähnte „feuchte Ansaugen ihres Kusses" hat es wahrscheinlich gegeben.

Felix Krull

Eine ausdrückliche, oben bereits erwähnte Warnung vor der bedrohlichen Erotik des Frauenarms kommt spät in Thomas Manns Werk, erst 1954 im Roman *Die Bekenntnisse des Hochstaplers Felix Krull*.

Die Zukunft aber beschert Felix, wie dem schlummernden Castorp, einen Kuss. Einen Kuss, den er appliziert, zunächst – wo sonst? – auf „ihren bloßen Arm", einen Kuss, den Zouzou erwidert:

„Ich küsste ihren bloßen Arm an meinem Halse," berichtet Felix aus Lissabon, „ich hob ihre Lippen auf zu mir und küsste die erwidernden, ganz wie ich es erträumt, ersehnt, mir zum Ziel gesetzt."

Doch urplötzlich steht vor Zouzou und Felix ihre Mutter, die stolze Senhora Maria Pia Kuckuck: „Marquis, ich habe mit Ihnen zu reden." Und von diesem Augenblick an übernimmt die Senhora die Regie.

In einem früheren *chambre à coucher* schwärmte in Gegenwart Felix Krulls Madame Houpflé von den „jungen, ganz jungen Männer[n] mit den Hermesbeinen", von denen man auch sehr viel zu sehen bekommt auf Ludwig von Hofmanns Gemälde „Die Quelle", das in Thomas Manns Arbeitszimmer hing.

Auch Felix weiß, dass hosenlose Beine überzeugende Argumente für Lebensentscheidungen sein können. In seiner höflichen Ablehnung, Lord Kilmarnock nach Schottland zu begleiten, spendet er mit eben diesen Argumenten Trost und Rat: Der Lord möge sich in Schottland nach einem hübschen Gefährten umsehen, denn: „Dort trägt es karierte Röckchen, soviel ich weiß, zu bloßen Beinen, es muss ja ein Vergnügen sein!"

Liebe und Geschlechtliches

Szenen der Liebe

Frage: Was ist die beste (schönste, natürlichste, witzigste) Liebes-Szene, die Thomas Mann geschrieben hat? Und warum gerade diese Szene?

Antwort: Hier ist eine Kandidaten-Liste für die beste Liebes-Szene.

(1) Tony Buddenbrook und Morten Schwarzkopf (*Buddenbrooks*, 1901) Warum? Auf den wenigen Seiten, die diesen beiden nicht gerade außergewöhnlichen jungen Leuten gemeinsam gewidmet sind, treten die sonst bei Thomas Mann dominierenden Themen (die Unverträglichkeit von Lebenstüchtigkeit und Künstlerdasein, Verfall und Krankheit) zurück und die Sprache ist gradlinig und poetisch und fast gar nicht parodistisch, wenngleich Mortens liberal-rebellische Ernsthaftigkeit ironisiert wird. Hier einige beispielhafte Zeilen:

„Sie sah ihn nicht einmal an, sie schob nur ganz leise ihren Oberkörper am Sandberg ein wenig näher zu ihm hin, und Morten küsste sie langsam und umständlich auf den Mund. Dann sahen sie nach verschiedenen Richtungen in den Sand und schämten sich über die Maße." Ähnlich bescheiden ist die ebenfalls unerfüllte, ebenfalls unvergessliche Liebe zwischen Thomas Buddenbrook und dem Blumenmädchen Anna.

(2) Auch die Liebelei des jungen Goethe und Charlotte Buff, nacherzählt in *Lotte in Weimar*, war unschuldig, wenngleich Lotte sie nachträglich als etwas „schuldhaft Todsüßes" empfand. Aber man schämte sich trotzdem nicht:

„Der tolle Junge hatte ihr eben nur einen Kuss geraubt – oder, wenn dieser Ausdruck zu ihrer beiden Stimmung von damals nicht passen wollte: er hatte sie von Herzen geküsst, halb Wirbelwind, halb Melancholicus, beim Himbeersammeln, in der Sonne, – sie geküsst rasch und innig, begeistert und zärtlich begierig, und sie hatt' es geschehen lassen."

Aus dieser Neckerei, dieser Erinnerung an den jungen Rechtspraktikanten Dr. Goethe und seinen „Prinzen- und Vagabundenkuss" in der „kleinen" Wirklichkeit wird in Lottes Halbtraum wieder die „große" Wirklichkeit der Werther-Dichtung, wie sie die jetzt Dreiundsechzigjährige im Hotel „Zum Elephanten" auf dem Sofa schlummern fühlt: Sie hatte an jenem Abend, als Werther sie besuchte, etwas „furchtbar Schönes und schuldhaft Todsüßes erfahren" und „als der liebe Verzweifelte zu ihren Füßen hingesunken war", hatte sie sich „von innigstem Mitleid (...) bewegen lassen, auch seine Hände zu drücken," hatten „unversehens ihre glühenden Wangen sich berührt" und die Welt hatte ihr „vergehen wollen unter den wütenden Küssen, mit denen sein Mund auf einmal ihre stammelnd widerstrebenden Lippen verbrannt hatte."

(3) Rudolf Schwerdtfeger und Adrian Leverkühn (*Doktor Faustus* 1947) Warum? Hier spiegelt sich vieles aus Thomas Manns Biographie wider, angefangen mit den Entsprechungen Rudi – Paul Ehrenberg und Nepomuk/Echo – Frido. Anders als bei Tony und Morten liegen hier seine stilistischen Allüren und Themen wieder offen vor Augen. Da ist wieder das Künstlertum als Kühle und Verzicht auf Leben und Krankheit als Voraussetzung zur Genialität. Faustus figuriert als (teilweises) Alter Ego zu Mann, beider Leben exemplifiziert in Begriffen wie Schaffen, Leistung, Streben nach Ruhm. Indirekt biografisch ist auch der Pakt, den Faustus mit dem Teufel geschlossen hat, oder schließen musste: Genialität wird erkauft durch Verzicht auf Liebe, „insofern sie wärmt". Und obwohl Rudi statt Liebe ein kaltes Kunstwerk will, schickt Adrian ihn in den Tod, um den Pakt nicht zu brechen. Das alles ist sehr eindrucksvoll und gekonnt, aber, im Vergleich zu den leisen Naturtönen bei Tony und Morten eine fast zu großartig gewollte Programm-Musik.

(4) Detlev Spinell und Gabriele Klöterjahn (Tristan, 1902). Warum? Dies ist das vielleicht extremste Beispiel eines zentralen Themas des jüngeren Thomas Mann: die Auseinandersetzung zwischen der Geistigkeit des Künstlertums, oder besser, eines amoralischen, dekadenten Ästhetizismus (Spinell), und der vitalen Körperlichkeit des bürgerlichen Lebens („wirklichkeitsgierig" wie Klöterjahn und sein Sohn Anton). Dieser Konflikt kulminiert in einer unglücklichen Liebe, die zu Gabrieles Tod führt. Der Konflikt ist allerdings von Anfang an abgekartet: Spinell ist erfolglos, langweilig, prätentiös – ein Versager, oder wie Klöterjahn sagt, ein „Hanswurst". Diese Episode ist ein Vorläufer für vieles, was im *Zauberberg* weiter ausgebreitet wird (Hans Castorp und Clawdia Chauchat). Die typische, leitmotivische Wiederholung von persönlichen Attributen (kariöse Zähne, das blassblaue Äderchen über Gabrieles Auge), ist eine von Thomas Manns stilistischen Marotten (wie das Kopfwackeln von Lotte in Weimar) und erscheint hier fast wie eine Selbstparodie Manns.

(5) Weniger kapriziös erzählt wird die unglückliche Liebe zwischen dem kleinen, kränklichen Herrn Friedemann und der schönen, robusten, kalten und grausamen Gerda von Rinnlingen (1896). Warum ist diese Liaison bemerkenswert? Weil sich hier die sexuelle Ambivalenz des 21-jährigen Thomas Mann zum ersten Mal „outed", indem Gerda eine fast männliche Rolle spielt (s. Andromache im *Felix Krull*), während der kleine Herr Friedemann von einer pathetischen Liebe heimgesucht wird und, von Gerda zunächst ermutigt und dann grob wie ein Flittchen zurückgestoßen, Selbstmord begeht. Die Distanz zwischen Liebe und Tod ist nie groß bei Thomas Mann.

(6) Heimsuchung und Gefahr, Glück und Wahn bestimmen auch die traurige, absurde Leidenschaft in „Der Tod in Venedig" - die Liebe des alternden Schriftstellers Gustav von Aschenbach zu dem schönen Teenager Tadzio. Anfangs sehen wir auch hier wieder die bekannte Antithese zwischen dem disziplinierten, würdigen Künstler, dessen Leistungsethik unter der Parole „Durchhal-

ten" ihn berühmt gemacht und dessen plötzliche Sehnsucht nach „Befreiung, Entbürdung und Vergessen" beim Anblick Tadzios ihn in einen mythischen Rausch versetzt. Aber in dieser Novelle gibt der kühle Künstler zum ersten Mal in seinem Leben der Leidenschaft hemmungslos nach, wenngleich nur in der Seele und im Traum: „Und seine Seele kostete Unzucht und Raserei des Untergangs." In der Verfolgung Tadzios, die immer heimlich, wortlos und ohne jegliche Berührung stattfindet, gibt er sich, geschminkt wie ein Geck, der Lächerlichkeit preis und seine Sehnsucht wird mit dem Tod bestraft. Thomas Mann hat später von einer „Tragödie der Entwürdigung" gesprochen; und trotzdem bleibt diese bittere Fabel, die sich zwischen Blamage und Passion bewegt, eine seiner bewegendsten Liebesgeschichten.

Das Sinnlichste

Frage: Hat Thomas Mann sich irgendwo (außer in seinen Tagebüchern) ausdrücklich über Sex geäußert? In Kommentaren liest man oft von Homoerotik, zum Beispiel in „Der Tod in Venedig", aber expliziter Sex kommt nie vor, oder? Nicht einmal in der Sprache: Im *Zauberberg* gibt es zwar unzweideutige Hinweise auf das laute russische Ehepaar im Nebenzimmer, ebenso auf den nächtlichen Besuch von Hans Castorp bei Clawdia Chauchat, von dem dann aber doch mehr verschwiegen als gesagt wird. Im *Doktor Faustus* schreibt Thomas Mann ausführlicher von der Syphilis und dem musikalischen Motiv h-e-a-e-es (von „hetaera esmeralda") als vom Treffen selbst – das ja stattgefunden hat und an das sich Faustus auf dem Totenbett erinnert.

Antwort: „Der Zbg. Wird das Sinnlichste sein, was ich geschrieben haben werde, aber von kühlem Styl" (Tagebuch vom 12.3.1920). Sinnlichkeit ist nicht Sex, eher Sexualverdrängung, die sich in vielen Details zeigt, von Freudscher Symbolik (Bleistift) bis zu Parallelen zwischen Clawdia und Castorps Jugendliebe Hippe. Clawdia ist verführerisch, aber nicht als Frau, sondern weil sie jungenhaft ist. Nicht nur diese latente Homoerotik schwebt über dem ersten Teil des Romans, sondern auch Thomas Manns Theorie „Über die Ehe." Biographisch begründet in seiner eigenen problematischen Ehe, und philosophisch unterstützt von Kant, Nietzsche, Schopenhauer und Hegel – alle weder Frauenfreunde noch Ehemänner – baut sich Thomas Mann eine Theorie, die u.a. besagt, dass ein Künstler zum Ehemann gar nicht taugen könne. Ehe sei nämlich Pflicht und Vernunft, das Künstlerdasein dagegen orgiastische Freiheit und gesetzlose Leidenschaft und Heimsuchung. In seiner typisch antithetischen Begriffswelt muss damit zwangsläufig der Künstler homosexuell sein (Aschenbach) oder impotent (Spinell) oder am „Sex" erkranken (Faustus). Castorp ist allerdings kein Künstler. Im zweiten Teil des Zauberbergs ist er neutral und weigert sich, „hahnenmäßig" eifersüchtig zu sein auf Peeperkorn.

Anderswo zeigt sich diese Philosophie des Widerspruchs von Geschlechtlichem und Künstlertum in Aphorismen, die uns lustig vorkommen. In den *Betrachtungen* schreibt er: „Maupassant, der kein Kostverächter war, nennt den Zeugungsakt einmal »unflätig und lächerlich« – »ordurier et ridicule«. Man muß eben sehr verliebt sein, um dem zu widersprechen." In seinem Aufsatz über Goethe und Tolstoi (dessen „geschlechtliche Lust" im Gegensatz zu Goethes „humanistisch-antik" akzentuierter Sexualität angeblich „russisch-kraftschwelgerisch" war) zitiert er Maupassant wieder und statuiert: „Man kann nicht objektiver urteilen."

Hunde im Souterrain

Hunde, die bellen, beißen nicht. Thomas Manns Hunde – sein Name für „die Geschlechtlichkeit" – haben ihn andauernd angebissen und die Wunden werden pünktlich in den Tagebüchern notiert. In seinen Dichtungen dagegen bellen die Hunde meistens nur. Der Leser hört ihr Wimmern durch „das gedämpfte Lachen" und das Zirpen der Grillen im Park, wo der kleine Herr Friedemann, von Gerda von Rinnlingen „wie ein Hund behandelt, am Boden lag." Oder sie knurren aggressiv, wenn Potiphars Frau Mutem-enet den schönen, aber eisern keuschen Joseph bedrängt. Der

Kuss ist ja sowieso viel geistlicher, höher, vor allem, wenn er so kostbar und dazu noch „langsam und umständlich" ist wie jener zwischen Tony Buddenbrook und Morten Schwarzkopf.

Nur ganz wenige Male beißen die Hunde zu in seinen Erzählungen und Romanen, nur selten führt ein Kuss zum Sex. Aber auch wenn die Voraussetzungen günstig und die Sprache weniger reserviert ist, kann etwas dazwischen kommen. „Ich küsste ihren bloßen Arm an meinem Halse," berichtet Felix Krull, „ich hob ihre Lippen auf zu mir und küsste die erwidernden, ganz wie ich es erträumt, ersehnt, mir zum Ziel gesetzt." Doch plötzlich steht vor ihren Zouzous Mutter, die stolze Senhora Maria Pia Kuckuck: „Marquis, ich habe mit Ihnen zu reden." Und sie redet auch, aber nur kurz und zehn Minuten später ist der Hund los:

„»Maria!« rief ich. Und: »Holé! Heho! Ahe!« rief sie mit mächtigem Jubel. Ein Wirbelsturm urtümlicher Kräfte trug mich ins Reich der Wonne. Und hoch, stürmischer als beim iberischen Blutspiel, sah ich unter meinen glühenden Zärtlichkeiten den königlichen Busen wogen."

Ein Kuss ist es auch, den Madame Hupflé am Nachmittag als verschwiegenes Pfand appliziert, „in aller Dezenz", wie Felix sagen würde. Dieser Kuss ist ausbaufähig, als es Nacht wird. „Nicht nur aber, dass sie den Kuss noch weitgehender ausgestaltete als den ersten vom Nachmittag, wobei es an meinem Entgegenkommen nicht fehlte, – so nahm sie auch meine Hand aus ihrer Stütze und fühlte sie in ihr Decolleté zu ihren Brüsten, die sehr handlich waren, führte sie da am Gelenk herum auf eine Weise, dass meine Männlichkeit, wie ihr nicht entgehen konnte, in den bedrängendsten Aufstand geriet."

Ein schlafender Hund wird auch im siebten Kapitel von *Lotte in Weimar* geweckt. Kurz vor dem Lever wird uns Lesern der 67-jährige Goethe vorgestellt, im Aufstand; denn er registriert mit überraschtem Stolz eine morgendliche Erektion: „Wie, in gewaltigem Zustande? In hohen Prachten? Brav, Alter! So sollst du, munterer

Greis, dich nicht betrüben …" Doch dann ist nicht weiter die Rede von „Meister Iste". (Thomas Mann erlebt ein ähnlich erfreuliches Aufstehen. Im Tagebuch vom 2. 11. 1938 notiert er: „Erwachte wie G. im VII. Kap.") Der alte Goethe sinnt nun aber nicht über vergangene Liebesumarmungen mit schönen Frauen nach, sondern ruminiert abstrakter und dégagierter über Erinnerungen an die steinernen Statuen von Venus und Adonis auf der Dresdener Galerie, wo „zur Rechten die Jagdhunde schauten und sprangen."

Ein spöttischer Robert Musil hat Hans Castorps Meister Iste ein „Glied aus Gips" genannt; denn bis auf ein einziges Mal bleibt der so keusch wie der junge Joseph. Nach einer Hymne auf den menschlichen Körper, die halb inbrünstig, halb anatomisch exakt auf Französisch gestammelt wird, ermahnt Clawdia Chauchat den armen Hans: „N'oubliez pas de me rendre mon crayon." Soweit das Bellen. Über das einmalige Zubeißen im Zimmer # 7 erfahren wir, wie gesagt, nichts.

Auch Serenus Zeitblom, der Chronist im *Doktor Faustus*, beschreibt sie nur, die Hetaera Esmeralda, nicht was und wie sie es mit Faustus getrieben hat: „Eine Bräunliche, in spanischem Jäckchen, mit großem Mund, Stumpfnase und Mandelaugen … gepuderte Halbkugeln im spanischen Mieder – , sah sie mit dem nackten Arm seine Wange streicheln." Nur der Teufel weiß Bescheid:

„So richteten wirs dir mit Fleiß, dass du uns in die Arme liefst, will sagen: meiner Kleinen, der Esmeralda, und dass du dirs holtest, die Illumination, das Aphrodisiacum des Hirns, nach dem es dich mit Leib und Seel und Geist so gar verzweifelt verlangte."

Der todkranke Doktor Faustus erinnert sich:

„Denn es war nur ein Schmetterling und eine bunte Butterfliege, Hetaera Esmeralda, die hatt es mir angetan durch Berührung, die Milchhexe, und folgt ihr nach in den dämmernden Laubschatten, den ihre durchsichtige Nacktheit liebt, und wo ich sie haschte, die im Flug einem windgeführten Blütenblatt gleicht, haschte sie und koste mit ihr, ihrer Warnung zum Trotz, so war es geschehen."

An dieser Stelle im *Doktor Faustus* unterbricht der ahnungslose Dichter Daniel Zur Höhe, Angehöriger der Georgeschule, das Geständnis mit einem unangebrachten und ahnungslosen, aber für Zeitblom beruhigenden „ästhetischen" Urteil: „Es ist schön. Es hat Schönheit." Vorläufig ist damit die teuflische Verführungsgeschichte durch Unverständnis und Unglauben der Zuhörer entschärft. Draußen vor der Tür veranstaltet derweil der Hund Suso, der in Wirklichkeit Prästigiar heißt wie Goethes Pudel, ein „hellisch Gekleff und Geplerr."

Eine Freudsche Fehlleistung?

Im September 1894 schreibt Thomas Mann in einem Brief an seinen Vertrauten Otto Grautoff: „Hunger ist ein stärkerer Drang als Poesie. Am Magen und noch einem Gliede hängt nach Schiller die ganze moralische Welt". Schiller? Das macht doch stutzig. Was steckt hinter dem Gliede?

Thomas Mann hatte sich ein Distichon aus Hardens Zeitschrift *Apostata* notiert:

Was die Herren da schwatzen! Der Magen und was notthut Alles,

An zwei Gliedern nur hängt die moralische Welt.

Nicht nur war Schiller als Autor angegeben, sondern unmittelbar vor dem Distichon hatte Harden aus Schillers „Weltweisen" zitiert (übrigens ist auch Freud oft auf dieses Gedicht Schillers zurückgekommen):

Einstweilen, bis den Bau der Welt

Philosophie zusammenhält,

Erhält *sie* das Getriebe

Durch Hunger und durch Liebe.

Mit dem kursiven *sie* ist hier *Natur* gemeint, wodurch also die beiden Glieder aus dem Distichon als Hunger und Liebe identifiziert sind, ohne jeden anatomischen Hintergedanken. Harden bezog sich kritisch auf die Enzyklika „Rerum Novarum" von Papst Leo XIII. Für jenes Distichon ist Schiller jedoch nicht verantwortlich, obwohl auch er gerne die „moralische Welt" erwähnt. Tatsächlich taucht es schon in Wilhelm Traugott Krugs kuriosem Büchlein *Distichen. Epigrammatische Stachelnüsse* von 1806 auf. Wahrscheinlich war es Krug, der das Distichon gedrechselt hat. Für den darin ausgedrückten Gedanken verweist er auf Friedrich Buchholz' längst vergessenes Buch *Darstellung eines neuen Gravitazionsgesetzes für die moralische Welt* von 1802 (als vollständiges Google-Buch einsehbar). Darin stellt der Autor unter der Überschrift „Von den Lebens- und Entwicklungsorganen" zwei Organe vor:

1. Magen, Organ der Selbsterhaltung; und

2. Geschlechtsteile, Organe des „Geselligkeitstriebs".

Vom Gliede oder gar zwei Gliedern ist aber nirgends die Rede.

Zugegeben, man hört bei jeder Äußerung Thomas Manns über Sexualität jene Hunde im Untergeschoss bellen. Doch wir sollten auch den Kommentar von Eckhard Heftrich beachten, der mit leicht erhobenem Zeigefinger schrieb:

„Seit der Veröffentlichung der Briefe an Grautoff ist der [...] Satz: »Du hast Zeit, und der Trieb zur Ruhe und Selbstzufriedenheit wird die Hunde im Souterrain schon an die Kette legen« zu einem Klischee geworden, das gerne zur Entlarvung jener von Thomas Mann trotz aller Sublimierungsergebnisse doch fragwürdigen Verdrängung des Sexuellen herangezogen wird. Auch wenn man nicht hoffen darf, solcher Schlichtheit mit einem philologischen Hinweis aufzuhelfen, sei doch wieder einmal daran erinnert, dass es sich bei der Bemerkung vom 17.2.1896 gegenüber Grautoff um eine Anspielung auf Nietzsche handelt. Sie geht auf jenen Text zurück, der die geistige Grundlage für die um dieselbe Zeit zu datierende Novelle „Der kleine Herr Friedemann" bildet: Die Abhandlung, »Was bedeuten asketische Ideale?« [in] *Zur Genealogie der Moral."*

(Aus Eckhard Heftrich: *Geträumte Taten. ,Joseph und seine Brüder' Über Thomas Mann,* Bd. 3, Seite 543)

Die oben zitierte Briefstelle „Am Magen und noch einem Gliede hängt nach Schiller die ganze moralische Welt" stammt allerdings schon aus der Zeit der Erzählung „Gefallen" (1894), die Thomas Mann als 19-Jähriger schrieb. Dort wird von einem 19-oder 20-Jährigen erzählt, der „noch keine Schlacht verloren und kein Weib berührt" habe: weil er zu beidem noch keine Gelegenheit gehabt hatte. Die Hunde hatten gerade erst zu knurren begonnen.

Akademisches zum Thema: E-Jeong Hong vergleicht Goethes und Thomas Manns Verhältnis zur Erotik in seiner Dissertation „Erotik und Poetik: Thomas Manns Goethe-Rezeption", Universität Erlangen-Nürnberg, 2006.

Glück

Thomas im Glück

Auch der flüchtige Leser Thomas Manns wird irgendwann auf Themen stoßen, die immer wiederkehren, oft als Gegensatzpaar: Bürger und Künstler, Leben und Geist, blond und braun, homoerotische Schwärmerei einerseits und verfassungsgebende Ehe andererseits.

Gibt es aber einen Leitgedanken, ein Motiv, eine einzigartige Idee, die all diese Gegensätze berührt, über ihnen steht, oder sie sogar wie eine Hegelsche Synthese beinhaltet und überwindet? Eine solche Synthese, oder sagen wir bescheidener, einen solchen roten Faden zu finden, scheint angesichts der großen Vielfalt, mit denen diese Dichotomien auf immer wieder neue Art dargestellt und vertieft werden, ganz aussichtslos. Und doch, meine ich, gibt es ihn, hat es ihn immer schon gegeben, im Leben Thomas Manns wie auch in seinen Werken.

Der rote Faden ist – das Glück.

Man braucht nur zu zählen. Es gibt kaum ein Wort, das bei ihm häufiger erscheint. Dabei muss ich aber gleich betonen, dass das Glück fast nie als reines, unbeschwertes Glücklichsein auftritt, das man im befreiten Lachen, der liebevollen Umarmung oder bei spielenden Kindern findet. Sesemi Weichbrodt wiederholt in den *Buddenbrooks* zwar etepetete ihr tantenhaftes „Sei glöcklich, du gutes Kend!" Aber so einfach ist es nicht mit dem „Glöck". Glück führt bei Thomas Mann fast immer ein Adjektiv mit sich, das „strenge", das „späte", das „erlaubte", das „bedingte" Glück, oder es wird ironisch/skeptisch in Anführungszeichen gesetzt, als meine er es doch nicht ernst damit.

Als Thomas Mann sich an ein Wiedersehen mit Klaus Heuser erinnert und es verklärt „die unverhoffte Erfüllung einer Lebenssehnsucht" nennt, spricht er vom „»Glück«, wie es im Buche des Menschen, wenn auch nicht der Gewöhnlichkeit, steht." Für ihn war das Erlebnis mit K. H. „ein spätes Glück mit dem Charakter lebensgütiger Erfüllung". Immerhin nennt er sich im Nachhinein einen „glücklichen Liebhaber", denn da habe er „gelebt und geliebt". Der Geliebte K. H. aber kann sich, später von einem Interviewer gefragt, an kein Glück erinnern. Auch Katia und Erika, die Thomas Manns spätes Glück mit ansehen müssen, sind leicht pikiert, lassen dem alten Herrn aber seine Phantasien.

Viele Jahre früher war Thomas Mann auch glücklich. Aber, wie er im Tagebuch vom 6. Mai 1934 nachträglich resümiert, die „Beziehungen" zu Paul Ehrenberg waren reine Leidenschaft, ein Rausch. Es war eine „jugendliche Intensität des Gefühls, das Himmelhochjauchzende und tief Erschütterte", das ihn zu dem enthusiastischen (im siebten Notizbuch aufgeschriebenen, aber nie offen gestandenen) Worten veranlasste: „Ich liebe dich – mein Gott, … Ich liebe dich!" Offiziell bleibt Thomas Mann kühl und herablassend, wenn er Paul, den blonden Vertreter des Lebens, einen rechtschaffenden, ungetrübten, kindlichen, „aber unbeirrbar treuherzigen Kameraden" nennt.

Paul Ehrenberg hat als schäkernder Baron Harry Spuren in der Erzählung „Ein Glück" hinterlassen, und er dient als Vorbild für Rudi Schwerdtfeger im *Doktor Faustus*. Dort wird er von Ines Institoris, die in ihm ein schönes Abenteuer außerhalb ihrer leblosen Ehe sieht, zuerst geliebt und dann erschossen. In der Kunst ist kein Platz für das gewöhnliche, pralle Leben und Lieben. Später taucht Paul wieder auf als Joseph in Ägypten. Hier ist er rein und keusch, und dies sind die Voraussetzungen für das erlaubte Glück desjenigen, der wie Thomas Mann die schwärmerische Keuschheit der Erfüllung vorzieht. Unkeuschheit bedeutet Leben, Heirat, und Geschlechtlichkeit und ist deshalb schädlich für den Künstler.

In einer Notiz Thomas Manns zu einem Novellenplan heißt es: „Ein pessimistischer Dichter, verliebt, verlobt, verheiratet (,das Leben'). Ist so glücklich, dass er nicht mehr arbeiten kann, schon ganz verzweifelt. Da beobachtet er, dass seine Frau ihn betrügt. Arbeitet wieder."

Da passt es denn haargenau, dass die Ehe mit Katia eben nur ein „strenges Glück" ist, oder, wie Thomas Mann es für Prinz Klaus Heinrich und Imma ausdrückt, eben nur der „Versuch eines Paktes mit dem »Glücke«" – Glück in Anführungszeichen. Damit kann er arbeiten.

Zu Tisch

Bei Buddenbrooks zu Tisch

Sigmund Freud aß gerne Rindfleisch; er hasste den Blumenkohl. Bei den Budenbrooks gibt es beides. Herr Bendix Grünlich, an diesem Sonntag mit duftig frisiertem Backenbart zu Besuch, hat gehörig Appetit. Er verspeist „Muschelragout, Juliennesuppe, gebackene Seezungen, Kalbsbraten mit Rahmkartoffeln und Blumenkohl, Marasquino-Pudding und Pumpernickel mit Roquefort und fand bei jedem Gerichte einen neuen Lobspruch, den er mit Delikatesse vorzubringen verstand."

Wenige Tage später, als Tony Buddenbrook gerade zum Frühstück ein Ei, ein Butterbrot und etwas grünen Kräuterkäse isst, hält Grünlich aus der Ferne brieflich um ihre Hand an. Tony ist fassungslos, ablehnend, höhnisch. Er ist ihr eklig, und sie muss sich mit einer Scheibe Landbrot, auf das sie Honig tröpfelt, beruhigen. Die Eltern gewähren ihr eine Bedenkzeit. Sie fährt nach Travemünde, wo sie im Haus des Lotsenkommandeurs Schwarzkopf lebt und sich wohlfühlt. „Sie sonnte sich, sie badete, aß Bratwurst mit Pfeffernußsauce, und machte weite Spaziergänge mit Morten." Am zehnten September, als die Saison zu Ende geht, sehen wir sie beide am Strand, „und Morten küsste sie langsam und umständlich auf den Mund."

Trotz alledem: Tony heiratet Grünlich. Wir treffen das Paar an einem Januarmorgen, beim ersten Frühstück. Im Brotkorb liegen Rundstücke und Schnitten von Milchgebäck. Geriefelte Butterkugeln, gelber, grün marmorierter und weißer Käse blühen unter einer Glasglocke. Grünlich verspeist nach englischer Sitte ein leicht gebratenes Kotelett. Tony „fand dies zwar vornehm, außerdem aber auch in so hohem Grade widerlich, dass sie sich niemals hatte entschließen können, ihr gewohntes Brot- und Eifrühstück dagegen einzutauschen." Bei ihren Großeltern hatte die kleine Tony zum ersten Frühstück sogar Schokolade trinken dürfen, und dazu ein dickes Stück feuchten Napfkuchen gegessen.

Nach gescheiterter Ehe wieder zuhause in Lübeck, erlaubt Tony sich manche kulinarische Spitzbüberei. Zu der Zeit kehren Geistliche gerne bei den Buddenbrooks ein; denn der alte Konsul neigt verstärkt zur Frömmigkeit, und bei den Kirchenmännern haben die nahrhaften Mahlzeiten in der Mengstraße einen hervorragenden Ruf. Eines Tages, als eben ein fremder Prediger, dessen Appetit die allgemeine Freude erregte, im Hause zu Gast ist, ordnet Tony „heimtückisch Specksuppe an, das städtische Spezialgericht, eine mit säuerlichem Kraute bereitete Bouillon, in die man das ganze Mittagsmahl: Schinken, Kartoffeln, saure Pflaumen, Backbirnen, Blumenkohl, Erbsen, Bohnen, Rüben und andere Dinge mitsamt der Fruchtsauce hineinrührte, und die niemand auf der Welt genießen konnte, der nicht von Kindesbeinen daran gewöhnt war." Auch der fremde Prediger muss passen, bekommt aber als Trost und kleines Après nur einige Armeritter mit Apfelgelee angeboten, so dass der fromme dicke Herr sich ungesättigt vom Mittagstisch erheben muss.

Bisweilen gibt es bei Buddenbrooks eine Zwischenmahlzeit, wie an einem Nachmittag im Juli, als die Konsulin, Tony mit ihrer kleinen Tochter Erika Grünlich, Klara, und Pastor Tiburtius weit vors Burgtor hinaus ziehen, „um bei einem ländlichen Wirte im Freien an Holztischen Erdbeeren, Sattenmilch oder Rote Grütze zu essen, und nach der Vespermahlzeit erging man sich in dem großen Nutzgarten, der bis zum Flusse sich hinzog, im Schatten von allerlei Obstbäumen zwischen Johannis- und Stachelbeerbüschen, Spargel- und Kartoffelfeldern." Hier , inmitten von Desserts, Obst und Gemüse hält Tiburtius um Klaras Hand an, und Klara gibt „mit ernster und ruhiger Stimme" ihr Ja-Wort.

An einem Donnerstag Mitte Oktober wird Familienmitgliedern und Freunden der Stadt ein „ganz einfaches Mittagbrot" geboten: „Ein kolossaler, ziegelroter, panierter Schinken erschien, geräuchert, gekocht, nebst brauner, säuerlicher Chalottensauce und solchen Mengen von Gemüsen, dass alle aus einer einzigen Schüssel sich hätten sättigen können." Zur Feier dieses besonderen Tages gibt es sogar das Meisterwerk der Konsulin, den Russischen Topf, ein „prickelnd und spirituös schmeckendes Gemisch konservierter Früchte." Auch die Abendessen sind beachtlich; es ist von Karpfen die Rede und von Putern, gefüllt mit einem Brei von Maronen, Rosinen und Äpfeln.

Ah, und die Desserts! „Nun kam, in zwei großen Kristallschüsseln, der Plettenpudding, ein schichtweises Gemisch aus Makronen, Himbeeren, Biskuits und Eiercreme; am unteren Tischende aber begann es aufzuflammen, denn die Kinder hatten ihren Lieblingsnachtisch, den brennenden Plumpudding, bekommen." Wir lesen von Kompotten und Torten, von Sesemi Weichbrodts mit Ingwer bereitetem Braunen Kuchen und ihrem süßen, würzigen, roten Punsch, der „Bischof" genannt wurde, von Schokoladeneis und knusprigen Waffeln, von Marzipan und Bonbons, die in Lübeck Gutzeln und in Hamburg auch Bonsches hießen.

Nie wieder hat Thomas Mann das Essen so virtuos und symbolträchtig zur appetitlichen Ausschmückung des bürgerlichen Lebens und seines Verfalls benutzt, von der robusten Specksuppe bis zum zarten Marzipan. Als er vergeblich auf eine (positive) Rezension im *Kunstwart* wartete, die auch das „Außerordentliche" und das „Transcendentale" im Roman schätzen würde, schrieb er enttäuscht: „Bin ich wirklich nur ein Schilderer guter Mittagessen?" Gegen Ende des Romans sind dann Hannos Zahnschmerzen, vom übertriebenen Naschen süßer Eisbaisers, und Tonys Magenschmerzen und Übelkeit („ihr Magen entledigte sich seines Inhaltes") metaphorische Anzeichen, dass bei den Buddenbrooks der Lebensappetit nachlässt und es nun wirklich bergab geht mit der Familie. Auch bei der alten Konsulin zeigt sich die Krankheit zum Tode an der maroden Verdauung: „Der Magen begann zu versagen. Unaufhaltsam, mit zäher Langsamkeit, schritt der Kräfteverfall vorwärts." Als Thomas Buddenbrooknach einer missglückten Zahnextraktion beim Zahnarzt Brecht auf der Straße zusammenbricht und stirbt, bleibt nur noch Hanno als Stammhalter. Doch der ist schon am Typhus erkrankt. Das Leiden äußert sich zuerst in physischer Mattigkeit, an Essen ist nicht zu denken. Ja, die Funktion des Magen ist so beeinträchtigt, dass er „die Aufnahme von Speise mit Widerwillen verweigert."

Vergleiche auch die appetitliche Dissertation von Dominica Triendl: *Mahlzeiten in Thomas Manns Romanen: Eine Studie zu 'Buddenbrooks', 'Der Zauberberg' und 'Bekenntnisse des Hochstaplers Felix Krull'*, (2016).

Sport

Turnspiele

Im Abgangszeugnis vom 16.3.1894 hat der Turnlehrer des Real-gymnasiums Katharineum in Lübeck dem Schüler Thomas Mann die Note „mangelhaft" gegeben. Der Primaner Korfiz Holm, der damals sein Vorturner war und später Redakteur des Simplicissimus wurde, verrät in seinen Erinnerungen über Thomas Mann: „Er übte diesem Unfug gegenüber souverän passive Resistenz, er fasste Reck und Barren nur gleichsam symbolisch mit den Fingerspitzen an und streifte dieses seiner unwürdige Gerät mit einem vor Verachtung förmlich blinden Blick."

Als Thomas Mann die Buddenbrooks schreibt, sind Reck und Barren frisch in Erinnerung, wenn er etwa über Kai und Hanno sagt, sie meiden die Turnspiele, weil sie „die Disziplin und gesetzmäßige Ordnung" verabscheuen. Noch ein halbes Jahrhundert später gesteht auch Felix Krull, der hier wohl auch für seinen Autor spricht, er sei „nach Träumerart körperlichen Übungen von jeher durchaus abhold gewesen." Trotzdem macht Thomas Mann zusammen mit den Brüdern Ehrenberg gerne Radtouren. Auch als frischgebackener Ehemann in München radelt er gern, nicht zuletzt der frischen Luft und der Gesundheit wegen. Doch er gesteht seine Vorliebe dafür, gefahren zu werden: „Ein Sportsmann war ich nie, muss aber auf Gehbewegung halten und habe große Freude daran, im offenen Automobil über Land zu fahren."

Der Sport hatte über gesundheitliche Gründe hinaus auch sehr hübsche Aspekte. Da war zum Beispiel das schicke Sportdress, welches auch dem unsportlichen Betrachter einen bewundernden Blick auf nackte Arme und schöne Beine gestattete. In *Königliche Hoheit* bewundert Prinz Klaus Heinrich bekanntlich Immas sportlichen Arme heimlich durch ein Opernglas. Von Madame Hupflés Faszination mit Hermesbeinen in kurzen Hosen, oder ohne Hosen, haben wir schon gehört. An anderer Stelle räsoniert Thomas Mann: „Praktisch gesprochen verdankt man der sportlichen Bewegung heute schon ganz einfach eine Verschönerung der Welt und des Menschen; was Mode und Zeitgeist hier im Organischen gewirkt haben, ist erstaunlich: gab es je so viele schöne Beine, wie unter der Herrschaft des kurzen Rockes?"

Es bleibt Felix überlassen, den seriösen Einklang von phantasievollem Spiel und korrekter Etikette wieder herzustellen, so wie auch Thomas Mann immer sorgfältig auf das harmonische Zusammenpassen spielerischer Phantasie und strengem Stil geachtet hat. Zum Tennisspiel mit Zouzou und ihren Freunden erscheint Felix „in untadeligem Sportdress, weiß gegürteten Flanellhosen, schneeigem, am Halse offenem Hemd, über dem ich vorderhand eine blaue Jacke trug, und jenen lautlosen, mit Gummi leicht besohlten Leinwandschuhen, die eine tänzerische Beweglichkeit begünstigen," von der er im folgenden Doppel wiederholt Beweis ablegt. Zwischen Flausen und Jonglierstückchen mit dem Ball gelingt ihm „aus purem Ingenium" ein Serviceball unheimlicher Schärfe, retourniert er die unmöglichsten Zumutungen, inmitten einer Menge Stümperei und Unsinn, der allerdings den Eindruck erweckte, er triebe „mit dem Spiele sein Spiel."

Vor allem imponiert Felix jedoch durch den schönen Schein, für den die gekonnte Form, nicht der schwitzend erkämpfte Punkt, des Beifalls würdig ist: „Noch sehe ich mich zum Annehmen eines tiefen Vorhanddrives, das eine Bein vorgestreckt, mit dem anderen ins Knie gehen, was ein gar hübsches Bild ergeben haben muss, da es mir Applaus von den Zuschauerbänken eintrug."

Vokabular

Lieblingswörter

Viele Autoren haben eigene Kataloge von Lieblingswörtern. Zu Vladimir Nabokovs gehörte „rapture", d.h. die berauschte Entzückung und Begeisterung, Shakespeare mochte „sweet", Goethe liebte in seinen Briefen einfache Adjektive wie „tüchtig" und „hübsch". Solche Vokabeln sind literarische Fingerabdrücke, an denen ein aufmerksamer Leser einen Autor erkennen kann, insbesondere, wenn die Detektivarbeit durch andere Indizien, wie stilistische Eigenarten, eine charakteristische Themenwahl oder historische Anhaltspunkte, unterstützt wird. Ein Brief, der im frühen neunzehnten Jahrhundert an den Musiker Carl Friedrich Zelter geschrieben wurde und das Wort „tüchtig" enthielt, stammte mit hoher Wahrscheinlichkeit von Goethe. Der elegant-stilvolle Satz „But all that was nothing, absolutely nothing, to the indescribable itch of rapture that her tennis game produced in me – the teasing delirious feeling of teetering on the very brink of unearthly order and splendor" kann nur von Nabokov stammen.

Auch Thomas Mann hatte Favoriten in seinem Wortschatz. Ich meine nicht die immer wieder auftauchenden Wörter „Künstler", „Bürger", „Geist", oder „Glück", und auch nicht so eigenartige Einzelexemplare wie „Ehrpusslichkeit", die ein oder zweimal in den Joseph-Romanen und sonst nirgends auftaucht, ein Wort „für eine etwas biedermännisch-kleinliche, mit Prüderei verwandte Ehrbarkeit".

Mit Lieblingswörter gemeint sind Adjektive und Substantive (seltener Verben), die in Thomas Manns Schriften wie Rosinen in einem Laib Brot verteilt sind. Hier sollen nur fünf dieser Textrosinen herausgepickt werden: keck, Geck, anmutig, höher und amüsant.

Zuerst also das griffige Wort „keck", wie im *Doktor Faustus*: „Der Revolutionär als Sonntagskind, keck und konziliant". Wenngleich keck oft frech und aufdringlich bedeutet und damit eine unwillkommene Eigenart ist, hat Thomas Mann es auch auf sich selbst angewendet. In einem Brief an Kerenyi nennt er sich „kecklich oder, wenn Sie wollen, unverfroren ...".

Zu seinem Josephs-Vokabularium gehört auch der Geck: „Dort liegt der Bube, der Geck, der Zierbengel, der Gelbschnabel, der Grünling, der Augenverdreher." Er tritt auch als „Freiluftgeck" im *Zauberberg* auf, und in den *Buddenbrooks* nennt Bankier Kesselmeyer den bankrotten Grünlich einen Gecken. Doch am bekanntesten ist jener aus dem „Tod in Venedig": „der greise Geck, der Ziegenbart aus dem Schiffsinnern".

„Anmutig" ist ein von Thomas Manns bevorzugtes Adjektiv, wenn er nicht „schön" sagen will. (Zum Wort „schön" im Vergleich zu „hübsch" hat Felix Krull bekanntlich der skeptischen Zouzou im Kreuzgang des Klosters Belem einen Vortrag gehalten.) Im *Zauberberg* begegnen wir Clawdia Chauchat, „die anmutig weich schreitende Kranke und Reisende"; im *Erwählten* lesen wir eine Beschreibung, die auch auf Tonio Kröger, den jungen Joseph und Felix passt: „Mit fünfzehn, sechzehn war er zum besten Jüngling erwachsen, rank von Gliedern, das Antlitz schmal, mit geradem Näschen, anmutigem Munde, schönen Brauen, von Schwermut sanft beseelt." Sogar jener Gerda von Rinnlingen aus „Der kleine Herr Friedemann" wird eine „natürlich anmutige Anziehungskraft" zugebilligt. Die andere Gerda, die „hoch und üppig gewachsene" Gerda Buddenbrook, schritt „mit freier und stolzer Anmut" durchs Zimmer. Tadzio ist mehrfach anmutig, sein Gang ist von „außerordentlicher Anmut". Aber im „Tod in Venedig" gibt es auch die „Anmut der Qual".

Im *Joseph* ist sogar von einer „höheren Anmut" die Rede, und hier haben wir ein weiteres Lieblingswort: höher. Dies Attribut zeichnet ein Substantiv aus als etwas Ungewöhnliches und der gängigen Kritik Enthobenes, Unangreifbares. Beispielsweise hat Thomas Mann seine Technik der Montage und Übernahme von vorhandenen Textstücken (z.B. das Typhus-Kapitel in den Buddenbrooks aus Meyers Lexikon) ein „höheres Abschreiben" genannt. Als Felix Krull sich in die Figur des Marquis de Venosta verwandelt, spricht er von einem Eintritt in eine „neue und höhere Existenz". Vorher schon hatte der Pate Schimmelpreester Felix' unbekleidete „Gestalt zu höherer Bedeutung auf die Leinwand" gezaubert. Gegen Ende des Buches, in der schon erwähnten Kreuzgang-Rede über die Liebe, sagt Felix von der Zähre, die da fließt aus lauter Rührung und Staunen über die Liebe, „Das ist etwas Höheres", nämlich im Vergleich zur ordinären Träne. Es war Thomas

Mann wichtig, dass seinen Hauptgeschäften, dem *Zauberberg*, *Doktor Faustus* und dem *Josephs*-Roman nicht nur die vielzitierte Ironie zugesprochen wurde, sondern auch Humor, eine „höhere Heiterkeit," die für ihn Leichtigkeit, Humanität und Freiheit bedeutete.

An der Seite der höheren Heiterkeit, von der beim Stichwort Humor schon die Rede war, steht das „tiefere Amüsement", das ihm der Kritiker Alfred Kerr angeblich bereitet habe, sowie das Verb amüsieren und das Beiwort amüsant, das auch von Goethe gern gebraucht wurde. Der sagte einmal zu Eckermann: „Man könnte die Leute wohl amüsieren, wenn sie nur amüsabel wären." Schon in den *Budenbrooks* amüsiert man sich, und zwar meistens köstlich. Felix Krulls Tenniskünste werden amüsant genannt. Den Maler Baptist Spengler im *Doktor Faustus* amüsierte „das Geschlechtliche", und zwar „in einem literarischen Sinn", wie Zeitblom schreibt und erklärend hinzufügt: „Sexus und Geist hingen ihm eng zusammen, – was an sich nicht falsch ist."

Dr. Serenus Zeitblom

Biograph Zeitblom und Dr. Watson

Im ersten Satz des ersten Kapitels vom *Doktor Faustus* stellt Serenus Zeitblom sich vor als der Biograph „des teuren, vom Schicksal so furchtbar heimgesuchten, erhobenen und gestürzten Mannes und genialen Musikers" Adrian Leverkühn. Dürfen wir Leser also erwarten, dass Zeitblom im Roman die Rolle eines Dr. Watson spielt, der die Gedanken und Taten des Helden (hier Leverkühn, dort Sherlock Holmes) treu aufzeichnet? Dr. John H. Watson, das wissen wir, war nicht nur Chronist, sondern hauptberuflich Arzt. Er heiratete später Mary Morstan und verließ infolgedessen für mehrere Jahre die gemeinsame Junggesellenwohnung in der Baker Street Nummer 221 B. Auch Dr. phil. Serenus Zeitblom hatte eine ansehnliche Karriere, zuerst als Studienrat für klassische Sprachen und Geschichte am Gymnasium in Kaisersaschern und seit Beginn des Ersten Weltkrieges als Gymnasialprofessor und Dozent in Freising. Zeitblom hatte sich ebenfalls vermählt, wie er im zweiten Kapitel berichtet, und zwar aus „Ordnungsbedürfnis" und dem „Wunsch nach sittlicher Einfügung ins Menschenleben". Seine Frau Helene, geb. Ölhafen, schenkte ihm drei Kinder, von denen die Tochter mit einem braven Prokuristen verheiratet war, die Söhne aber ihrem Führer dienten, „der eine auf zivilem Posten, der andere in der bewaffneten Macht". Dieses letzte „aber" ist ein Hinweis darauf, dass Dr. Zeitblom zur Zeit seines Schreibens, im Jahre 1943, abseits der von niederen Kräften dämonisierten Welt lebte, der er sich, jedenfalls beruflich, durch seine frühe Pensionierung entzogen hatte. Später im Buch ist Leverkühn von so vielen Freunden, Helfern und Gönnern umgeben (Rüdiger Schildknapp, Meta Nackedey, Kunigunde Rosenstiel, Jeanette Scheurl und Frau von Tolna), dass sein Jugendfreund Serenus beinahe ins zweite Glied gedrängt wird, ohne aber (wie etwa der bedeutender werdende Famulus Wagner mit seinen Humunculi im Faust II) zu einer unabhängigen Gestalt zu werden. Tatsächlich hat er am Ende so viele Rollen durchgespielt – den Sekretär Dr. Watson, den mitschreibenden Eckermann, den „herzlich getreuen Famulus", den durchheiternden Sancho Panza und den erläuternden Hofnarr – , dass er gar keine eigene Persönlichkeit mehr hat. Ja, in der Nachschrift scheint er mit dem Autor Thomas Mann zu verschmelzen, wenn er über sein Deutschland in den letzten Jahren des zweiten Weltkrieges schreibt: „Heute stürzt es, von Dämonen umschlungen, über einem Auge die Hand und mit dem andern ins Grauen starrend, hinab von Verzweiflung zu Verzweiflung. (...) Ein einsamer Mann faltet die Hände und spricht: Gott sei euer armen Seele gnädig, mein Freund, mein Vaterland."

Kritiker Zeitblom und Sancho Panza

Spielt Serenus Zeitblom hinter der Maske als Biograph also auch die Rolle eines Zeitkritikers vor Ort, und schreibt er deshalb auch – nicht immer, aber auch – mit der Feder seines Schöpfers Thomas Mann? Um aus Zeitbloms Kommentaren die Ansichten des Autors direkt herauszulesen, dazu hat Thomas Mann seinen Protagonisten zu vielschichtig angelegt und gleichzeitig breit und tief genug, um sich in ihm mehrfach zu verstecken und zu parodieren: als Künstler und Kritiker, als Mahner und Leidener, als Referent und als etwas spießiger Bildungsbürger. Das parodistische Element dient denn auch der „Durchheiterung" des sonst meist dunklen und tragischen Romangeschehens. In diesem letzteren oft komischen Sinne spielt Zeitblom eine Rolle, die Sancho Panza für Don Quijote innehatte. Sancho Panzas Rolle war es, das Geschehen um ihn herum in seinen sprichwörtlichen „sanchismos" zu kommentieren, vergleichbar auch dem Hofnarren, der vor Shakespeares Königen auftreten und unbequeme Wahrheiten sagen durfte.

Kollege Zeitblom und Frau Teste

Ähnlich wie Dr. Watson seinem Stubengenossen Holmes, oder wie der Famulus Dr. Wagner dem Gelehrten Faust, so ging bisweilen Zeitblom seinem Freund Leverkühn bei der Arbeit zur Hand, als Librettist etwa, ohne viel Anerkennung (oder gar Liebe!) erwarten zu dürfen. „Aber lieben? Wen hätte dieser Mann geliebt?" fragt Zeitblom schon auf den ersten Seiten seiner Biographie. Unter dem Stichwort „Liebe" sei bei dieser Gelegenheit an einen ganz anderen Faustus erinnert, einen Mann, der völlig aus dem Kopf lebte, nämlich an Paul Valérys Herrn Teste. In diesem kurzen Buch von 1926 gibt es nicht *einen* Serenus Zeitblom, sondern zwei, die zusammen viele der Eigenschaften des Leverkühn-Freundes teilen. Da ist zuerst der Freund, der einen Abend mit Herrn Teste verbringt und ihm danach einen philosophischen Brief schreibt. Da ist zweitens Frau Teste, die jenem Freund zurückschreibt: „Entschuldigen Sie, daß ich Ihnen über meine geringe Person schreibe, während Sie einzig etwas Neues von ihm zu hören wünschen, der Sie so lebhaft interessiert." Auch Zeitblom beginnt mit einer Entschuldigung dafür, sich überhaupt dem Leser vorzustellen: „Mit aller Bestimmtheit will ich versichern, daß es keineswegs aus dem Wunsche geschieht, meine Person in den Vordergrund zu schieben ..." Frau Teste gesteht: „Ich kann nicht sagen, daß ich geliebt werde." Sie zitiert ihren Abbé, der für Herrn Teste eine mitleidige Sympathie empfindet und ihn „ein Monstrum von Abgeschiedenheit und einzigartigem Wissen nennt", woraufhin sie ergänzt, ihr Mann kommt ihr vor wie ein gottloser Mystiker. Im Gegensatz, und in Ergänzung dazu, ist jener philosophische Freund Testes ein intellektueller Gefährte, der zwar bei weitem nicht über das reine Genie des Herrn Teste verfügt, aber doch schon im ersten Satz selbstbewusst und im Understatement sagen kann: „Dummheit ist nicht meine Stärke." Auch Dr. Zeitblom hat seinen Stolz: „Ich bin (...) ein Gelehrter und conjuratus des ‚Lateinischen Heeres', nicht ohne Beziehung zu den schönen Künsten (ich spiele die Viola d'amore) ..." Von 1940 bis zu seinem Tod 1945 hat Paul Valéry an seinem eigenen Doktor Faustus, betitelt „Mon Faust", gearbeitet.

Der kurze Satz

„In dieser Art. Gar nicht ungeschickt."

Jeder Hinz und Kunz weiß von Thomas Manns langen Sätzen, den kunstvoll gebauten, sich über Halbseiten hinschlängelnden Perioden. Niemand spricht von seinen kurzen Sätzen oder Satzfetzen, wie die gerade zitierten aus *Doktor Faustus*.

„Die Amme hatte die Schuld." So beginnt sein erster größerer Erfolg, die Erzählung „Der kleine Herr Friedemann". Fünf Wörter, die sich wie eine lapidare Feststellung anhören, aber auch wie ein Richterspruch. „Amme" oder „Bonne", wie Thomas Mann das Kindermädchen der kleinen Erika in den *Buddenbrooks* nennt, – diese Wörter klingen nach Unschuld, nicht nach Schuld. Was hat die Amme getan, das sie schuldig macht? Und wem hat sie es angetan? Einem Kind? Als erster Satz ist „Die Amme hatte die Schuld" effektiv: Die Neugier des Lesers ist geweckt. Der Satz lehnt sich in die kommende Erzählung hinein, wir Leser wollen Näheres wissen. Im nächsten Absatz lernen wir, dass die Amme dem Alkohol mehr Aufmerksamkeit gewidmet hatte als dem ihr anvertrauten Zögling, dem kleinen Johannes Friedemann, der vom Wickeltisch fiel und dadurch zum Krüppel wurde. So beginnt die Geschichte; von der Amme hören wir danach nichts mehr. Ihre Rolle ist schon auf der ersten Seite ausgespielt. Auch von Schuld ist später nicht mehr die

Rede. Aber durch den Trick, gleich zu Anfang eine Amme mit einer noch unbekannten Schuld in Verbindung zu bringen, hat der Autor eine ungemütliche Atmosphäre geschaffen, die den Frieden bedroht. Stimmungsmachend sind auch die kurzen Anfangssätze von „Gladius Dei", „Tristan" und „Das Wunderkind":

„München leuchtete"

„Hier ist ‚Einfried', das Sanatorium!"

„Das Wunderkind kommt herein – im Saale wird's still."

Typischer für Thomas Manns atmosphärische Beschreibungen sind lange, einen ganzen Absatz füllende Sätze wie der folgende, der Eingangssatz zur Idylle *Herr und Hund*:

"Wenn die schöne Jahreszeit ihrem Namen Ehre macht und das Tirili der Vögel mich zeitig wecken konnte, weil ich den vorigen Tag zur rechten Stunde beendigte, gehe ich gern schon vor der ersten Mahlzeit und ohne Hut auf eine halbe Stunde ins Freie, in die Allee vorm Hause oder auch in die weiteren Anlagen, um von der jungen Morgenluft einige Züge zu tun und, bevor die Arbeit mich hinnimmt, an den Freuden der reinen Frühe ein wenig teilzuhaben."

Peter Handke hat sich 1989 über diesen Satz sehr geärgert: „Gerade vor ein paar Tagen habe ich wieder „Herr und Hund" von [Thomas Mann] gelesen. Da ist gleich der erste Satz so, daß man spürt, der das schreibt, ist sich dessen gewiß, eine Gemeinde zu haben, die auf seinen bestimmten Tonfall hört." Mir scheint, als habe Handke hier die leichte Selbstbespöttelei nicht bemerkt, die zusammen mit dem Titili der Vögel über diesen Worten liegt und beweist, dass sich der Autor, ohne Hut, nicht allzu ernst nimmt.

Ein aufmerksamer, von jenem „bestimmten Tonfall" vielleicht irritierter Leser wird aber dann doch immer wieder von kurzen, einfachen Sätzen geradezu hinterrücks überfallen und verblüfft, durch die gerade dieser anfängliche Tonfall unterbrochen wird und die Novelle mindestens vorübergehen eine andere, neue Färbung annimmt. Nicht selten dient ein solcher strategisch platzierter kurzer Satz als Signal für eine Kehrtwendung oder einen Stimmungsumschwung.

„Ich liebe dich!"

So geschieht es im dritten Kapitel von „Der Tod in Venedig", wo es heißt: „Mit Erstaunen bemerkte Aschenbach, daß der Knabe vollkommen schön war." Dieser kurze und formal einfache Aussagesatz erinnert an Vers 4:7 im Hohelied Salomons: „Tota pulchra es, amica mea, et macula non est in te": „Du bist vollkommen schön, meine Geliebte," sagt da der verliebte Mann zu seinem Mädchen, „und kein Makel ist an dir." Makellos ist in Aschenbachs Augen auch Tadzio, dessen Gestalt von nun an zwar mit hymnischen Worten beschrieben wird und den verliebten Aschenbach mehrfach zu klassischen Hexametern anregt, ihn aber auch seine schwer gewonnene Würde kosten wird. Am Ende des vierten Kapitels heißt es noch einmal, weniger einfach, mit nachfolgender sprachbewusster Reflexion: „Er war schöner, als es sich sagen läßt, und Aschenbach empfand wie schon oftmals mit Schmerzen, daß das Wort die sinnliche Schönheit nur zu preisen, nicht wiederzugeben vermag..." Als er so empfindet, hat er bereits seine würdevolle Haltung, seine elegante Selbstbeherrschung verloren und wird heimgesucht von einem nie gekannten Gefühl der Liebe: „Und zurückgelehnt, mit hängenden Armen, überwältigt und mehrfach von Schauern überlaufen, flüsterte er die stehende Formel der Sehnsucht, – unmöglich hier, absurd, verworfen, lächerlich und heilig doch, ehrwürdig auch hier noch: »Ich liebe dich!«"

„Goethe starb schreibend."

Auch in mehreren Reden Thomas Manns bekommen kurze Sätze ihre spezielle Funktion. Wenn ein solcher Signalsatz im *geschriebenen* Text Blickfang genannt werden könnte, so wird er in der *gesprochenen* Rede zum Hörfang, einem Ohrmagneten, einer eindringlichen Tonfolge und Zäsur, bei der sich der Hörer kurz ausruhen kann, bevor seine Aufmerksamkeit vom Sprecher auf ein neues

Thema gelenkt wird. Im ersten Paragraphen seiner Rede „Goethe als Schriftsteller" beschreibt Thomas Mann die Handbewegungen des sterbenden Goethe, wie die Hand Wörter in die Luft zu schreiben scheint, zeilenweise untereinander, einige Buchstaben seien dabei erkenntlich, und sogar die Zeichensetzung sei korrekt, wie dann der Arm auf die Bettdecke sinkt, auf der er seine Geisterschrift zu wiederholen scheint, bis dann die Finger anfangen, blau zu werden ... Und dann der kurze Satz, „Goethe starb schreibend." – Fazit und zugleich Neuanfang des folgenden Absatzes, indem das Goethezitat „Eigentlich bin ich zum Schriftsteller geboren," Kehrtwendung vom Tod auf Geburt, das Hauptthema der Rede anklingen lässt, indem bei dem „ich" jetzt auch „ich, Thomas Mann" mitschwingt und damit die von Goethe bewiesene These belegt, dass ein Autor gleichzeitig Schriftsteller und Dichter sein kann.

Kitsch

„Anna, arme kleine Baronin Anna"

Die fünf oben zitierten Wörter stammen von der ersten Seite der Studie „Ein Glück". Als die Baronin Anna die kleine ‚Schwalbe' Emmy sieht, eine Sängerin, mit der ihr Gatte Harry anbändelt, stellt sie fest: „Lieber Gott, sie hieß Emmy und war gründlich ordinär." Und doch wird auch Anna von ihr angezogen: „Aber wundervoll war sie mit ihren schwarzen Haarsträhnen, die das breite, begehrliche Gesicht umfingen, ihren dunkel umrissenen Mandelaugen (...); und das Schönste an ihr waren die Schultern, die bei gewissen Bewegungen auf unvergleichlich geschmeidige Art in den Gelenken rollten..."

Mehr noch: die ordinäre Schöne entschuldigt sich für den Flirt mit Harry bei der Baronin: „»Verzeihen Sie,« sagte sie so leise, als sei niemand in der Runde sonst wert, es zu hören." Auf der letzten Seite heißt es dann: „Wir verlassen dich, Baronin Anna, wir küssen dir die Stirn, leb' wohl, wir enteilen! Schlafe nun!" Und ganz zum Schluss die Pointe: „Denn ein Glück, ein kleiner Schauer und Rausch von Glück berührt das Herz, wenn jene zwei Welten, zwischen denen die Sehnsucht hin und wider irrt, sich in einer kurzen, trügerischen Annäherung zusammenfinden."

Ist das Kitsch?

Leider gibt es weder einen wissenschaftlichen Test noch Radargeräte, mit denen Fachleute, geschweige denn wir Normalleser, eine kitschige Textstelle eindeutig identifizieren könnten. Auch ein demokratisches Votum Für oder Wider wäre fraglich. Ohnehin, was gestern große Literatur war, ist morgen vielleicht Kitsch. Trotzdem lassen sich, glaube ich, zwei charakteristische Merkmale angeben, die einzeln oder zusammen auf Kitsch hinweisen.

Da ist zuerst die penetrante *Anwesenheit von Klischees*, erkennbar an abgedroschenen und sentimentalen Phrasen, schablonenhaften Bildern, verschlissenen Metaphern, aufdringlichen Albernheiten, gefühlsduseliger Allgemeinheit, niedlichen Künsteleien.

Zweitens, die *Abwesenheit des Hirns*: beim Kitsch ist eine gedankliche Auseinandersetzung mit dem Geschriebenen nicht gefragt, ja, gar nicht möglich. Denn das würde ein Nach-Denken des Gelesenen und eine gewisse Distanz zum Text voraussetzen, die etwa durch Kritik oder Ironie oder Humor geschaffen würde. Kitsch hat keine zweite Ebene und bleibt Interpretationen verschlossen. Kitsch ist hirnlos, trivial, spießbürgerlich – allenfalls ein „dümmlich Tröstendes" (Adorno).

Die Zitate aus „Ein Glück" genügen voll diesen beiden Kriterien. Die Sprache ist affektiert („arme kleine Baronin Anna"), abgedroschen („leb' wohl, wir enteilen"), künstlich („hin und wider"), und der Schlusssatz vom Glück ist entweder banal oder unsinnig: Warum „trügerisch"? Wie passen Schauer und Rausch zusammen? Wie berühren sie ein Herz? Was haben die Welten mit den Herzen zu tun? Der Literaturwissenschaftler Hans Vaget hat denn auch diese Studie summarisch als Kitsch bezeichnet.

Siegmund und Sieglinde

Auch das schwülstige Drama „Fiorenza" und das unterhaltsame, aber seichte Roman-Märchen *Königliche Hoheit* bereiten kitschempfindlichen Geschmacksnerven einige Not. Am schlimmsten schmerzen sie aber (wie Hannos Zähne beim übertriebenen Naschen süßer Eisbaisers) bei der Erzählung „Wälsungenblut". Ich meine damit nicht nur, dass es betrüblich ist, dort antisemitische Stereotypen aufgeführt zu sehen. Wie Vaget in seinem Aufsatz „Von hoffnungslos anderer Art" in den *Thomas-Mann-Studien* Band 30 (2002) behauptet, versuchte Thomas Mann hier, im frühen 20. Jahrhundert, eine Lanze für die Assimilation der Juden zu brechen. Ob er dieses Ziel erreicht hat, muss man bezweifeln. Künstlerisch, oder sagen wir bescheidener, sprachlich ist Thomas Mann hier fehlgegangen. Der Kitsch überwiegt und erdrückt jeden anderen höheren Anspruch.

Sprachliche Klischees sind überall. Die Zwillinge Siegmund und Sieglinde treten auf „grazil wie Gerten", Siegmunds zusammengewachsenen Brauen werden dauernd erwähnt, so dass es kein Leitmotiv mehr ist, sondern eine ärgerliche Wiederholung, wie auch bei anderen jüdisch-physiognomisches Kennzeichen (Lippen, Wangenknochen, Nase). Und dann die modisch-frivolenTrivialitäten: Erst sehen wir Siegmund in „rosaseidenen Unterbeinkleidern" und „roten Saffianpantoffeln", wenig später dann, gerüstet für das Theater, in „schwarzseidenen Unterhosen, Socken von schwarzer Seide, und schwarzen Strumpfbändern mit silbernen Schnallen." Das klingt heute ganz putzig, war aber wohl nicht humorvoll gemeint. Die absurde Seidenpracht erinnert an den Artisten Müller-Rosé, der Unterhosen aus himmelblauer Seide trug. Die Parallelen zwischen den Aarenhold Zwillingen und denen aus Wagners Walküre sind zu offensichtlich, um interessant zu sein, während sie gleichzeitig Welten voneinander entfernt sind: hier herausgeputzte, wohlriechende Geschwister aus einer reichen jüdischen Familie, dort die arischen Germanen im Wald. Der hinlänglich suggerierte Inzest ist dann auch nur noch eine Frage der Zeit.

Apologeten dieser Erzählung sagen, dass Thomas Mann in Siegmund (u.a. auch) den gelangweilten Ästheten darstellen wollte, der in extremer Verfeinerung nur noch zu eitler Selbstbespiegelung fähig ist. Mag sein; aber das ist mit Detlef Spinell im „Tristan" besser gelungen. Oder sie sagen, Thomas Mann habe sich ein klein wenig in Siegmund und auch ein bisschen im Freier Beckerath abkonterfeit, der in eine jüdische Familie mit Heiratsplänen eindringt. Ist aber damit – den Figuren, dem Milieu, der Walküre, der abwegigen Hochzeit, dem Inzest – der Assimilation, von der Vaget spricht, geholfen? Kann ein Autor einen politischen Prozess wie Assimilierung für eine Minderheit unterstützen, indem er die Minderheit erst einmal durch Klischees parodiert? Man stelle sich einen Schriftsteller vor, der sich für die Gleichberechtigung von Afro-Amerikanern dadurch einsetzt, dass er über ihre Fähigkeit redet, schneller laufen zu können, und dass sie vor allem Brathühnchen essen und zum Nachtisch Wassermelonen, und dass sie an Sonntagen in riesigen alten Cadillacs herumfahren?

Später in seinem Leben war Thomas Mann sich nicht mehr sicher, ob „Wälsungenblut" gelungen war und ob es im Gesamtwerk aufgenommen werden sollte. Er hat in der Erzählung selbst eine Art Urteil gefällt und eine Definition für Kitsch angegeben. In der stillen Selbstbetrachtung, in der Vater Aarenhold aufzählt, was seine Kinder von ihm halten, erkennt er: sie verachten ihn „für seine weiche und dichterische Geschwätzigkeit, der die Hemmungen des Geschmackes fehlten."

6
Zitatenkrümel

Zur Orientierung: Ein Werk in einem Zitat zu kondensieren ist nicht dasselbe wie die Welt in einem Körnchen Sand zu sehen. Denn das mystische Geheimnis, dass sich die ganze Welt in jedem Sandkorn wie in einem Mikrokosmos widerspiegelt, gibt es als literarisches Geheimnis nicht. Ein Zitat, in dem sich ein Werk spiegelt, ist nicht beliebig. Und fast nie ist ein einziges Zitat repräsentativ. Es lassen sich aber auch bei Thomas Mann Gruppen von Zitaten finden, die stellvertretend für seine Themen stehen können. Ein Zitatensammler bemerkt bald, dass die besten Funde „Lesezitate" sind. Sie haben oft eine bewusst ziselierte Komplexität und inhaltliche Vielschichtigkeit, weshalb sie keine „Hörzitate" sind wie Goethes Sentenzen oder Verse aus Schillers Gedichten. Nicht selten kursieren im Internet fehlerhaft formulierte Zitate, oft auch mit falscher Quellenangabe. Um ein Zitat also genau zu lokalisieren und in den korrekten Zusammenhang zu stellen, von wo aus es dann tatsächlich das umgebende Ganze repräsentiert, ist detektivische Anstrengung nötig. Einige Beispiele sollen hier skizziert werden.

Bildung, die einem im Schlafe anfliegt

Frage: Thomas Mann hat einmal über eine Art von Bildung geschrieben, die nicht durch das Studium von Büchern erlangt wird sondern einem zufliegt. Wo findet man das Zitat?

Antwort: Es handelt sich wohl um eine Stelle in *Bekenntnisse des Hochstaplers Felix Krull*, Buch 2, etwas 3 Seiten nach Beginn von Kapitel 4, gleich nachdem Felix über den beginnenden Geschäftserfolg der Pension Loreley berichtet:

„Bildung wird nicht in stumpfer Fron und Plackerei gewonnen, sondern ist ein Geschenk der Freiheit und des äußeren Müßigganges; man erringt sie nicht, man atmet sie ein; verborgene Werkzeuge sind ihretwegen tätig, ein geheimer Fleiß der Sinne und des Geistes, welcher sich mit scheinbar völliger Tagdieberei gar wohl verträgt, wirbt stündlich um ihre Güter, und man kann wohl sagen, dass sie dem Erwählten im Schlafe anfliegt. Denn man muss freilich aus bildbarem Stoffe bestehen, um gebildet werden zu können ..."

Nicht nur auf Felix, der sich weder in der Schule noch in seiner Profession als Kellner und falscher Marquis durch Fron und Plackerei bemerkbar machte, sondern auch auf seinen Schöpfer Thomas Mann scheint diese hübsche Beschreibung von Bildung zuzutreffen. Doch hinter dieser märchenhaften Fassade verbirgt sich bei Thomas Mann seine sich selbst aufgebürdete Unfreiheit, die „Galeerenarbeit" seiner täglichen Schreibration und die lebenslange Plackerei des enormen Lese- und Studierpensums eines Autodidakten, der zwar aus bildbarem Stoff bestand, dessen Tagdieberei aber nur scheinbar war.

Kostbare Zeit

Frage: Wo finde ich das Zitat „Die Zeit ist ein kostbares Geschenk, uns gegeben, damit wir in ihr klüger, besser, reifer, vollkommener werden." Es geht so weiter: „Sie ist der Friede selbst, und Krieg ist nichts als das wilde Verschmähen der Zeit, der Ausbruch aus ihr in sinnloser Ungeduld." Diese Sätze werden oft, aber ohne Quelle, zitiert.

Antwort: Man findet dieses Zitat in Band 13 der *Gesammelten Werke*, Seite 812. Oder auf Seite 288 in *Meine Zeit*. Essays, Bd. 6 1945-1955 (Hg. Kurzke, Stachorski).

Thomas Mann hat diese Sätze mehrfach gebraucht und sich damit selbst zitiert, zum Beispiel in einem Brief an Emil Belzner vom 24.5.1950. Zuerst kommen sie im Vortrag „Meine Zeit" vor, den Thomas Mann am 22. April 1950 an der Universität Chicago hielt. Dieser Vortrag ist wieder abgedruckt in Thomas Mann: „Über mich selbst", Fischer Taschenbuch 12389, Seiten 5-27. Das Zitat beginnt dort auf S. 26, unten. Der dortige „Bibliographische Nachweis" auf S. 518 gibt fälschlich den Band *Reden und Aufsätze I* an. Richtig ist *Reden und Aufsätze III*.

Moral: non dans la vertu ...

Frage: Ich suche eine Passage über die Moral aus einem Gespräch zwischen Hans Castorp und Clawdia Chauchat in *Der Zauberberg*.

Antwort: Der Dialog über Moral zwischen Hans Castorp und Clawdia Chauchat findet im 5. Kapitel, im Abschnitt „Walpurgisnacht" des ersten Bandes des *Zauberberg* statt. Beide sprechen meist französisch. Clawdias Hauptargument beginnt mit „il nous semble qu'il faudrait chercher la morale non dans la vertu ...". Gegen Ende gesteht Hans, der abendländische Bourgeois, der Asiatin Clawdia in glühenden Worten seine Liebe. (Settembrini hatte ihn davor gewarnt!) Nach Clawdia ist die Moral also nicht in der Tugend zu suchen, das heißt in der Vernunft, der Zucht, den guten Sitten, der Ehrenhaftigkeit, sondern vielmehr im Gegenteil, will sagen: in der Sünde, in der Hingabe an die Gefahr, an das, was schädlich ist, an das, was uns verzehrt. Es sei moralischer, sagt sie, sich zu verlieren und selbst zu verderben, als sich zu bewahren. Hans Castorp folgt dieser Anweisung, und seine Lehrerin Clawdia Chauchat wird für eine Nacht seine Geliebte, was Thomas Mann allerdings nur diskret angedeutet („diskret" verglichen etwa mit der Beschreibung des Abenteuers zwischen Felix Krull und der Schriftstellerin Diane Houpflé). Damit endet der erste Band des *Zauberberg*.

Moral: Wille zum Werk

Etwas Anderes als „non dans la vertu" ist die Moral des Künstlers: Aus „Süßer Schlaf":

„Die Moral des Künstlers ist Sammlung, sie ist die Kraft zur egoistischen Konzentration, der Entschluss zur Form, Gestalt, Begrenzung, Körperlichkeit, zur Absage an die Freiheit, die Unendlichkeit, an das Schlummern und Weben im unbegrenzten Reich der Empfindung, – sie ist mit einem Wort der Wille zum Werk." (s. *Gesammelte Werke* XI, S. 337f)

Dieser Wille zum Werk ist auch die Haltung Gustav von Aschenbachs, dem Alter Ego Thomas Manns – bis er Tadzio sieht und sich die Moral des disziplinierten Künstlers auflöst in der Sehnsucht eines Liebenden.

Über Freude – ein Zitat Thomas Manns?

Frage: Ein schönes Zitat von Thomas Mann lautet:

„Man soll machen, was einem Freude verheißt. Es besteht größere Wahrscheinlichkeit, dass es auch der Welt Freude macht."

Aus welchem seiner Bücher stammt dieser Satz?

Antwort: Ist dieser Ausspruch, der im Internet tatsächlich sehr oft Thomas Mann zugeschrieben wird, wirklich ein Zitat von Thomas Mann? Einige Indizien sprechen dafür: (1) Im Internet wird er immer mit Thomas Mann und keinem anderen Autor in Verbindung gebracht, wenngleich mit leichten Textabweichungen und stets ohne Quellenangabe; (2) Das Verb „verheißt" ist altertümelnd, Thomas Mann hat es tatsächlich einige Male gebraucht; (3) Das Wort „Wahrscheinlichkeit" kommt bei Thomas Mann auch öfters vor, besonders in den Reden und Aufsätzen. Eine stärkere Evidenz spricht aber gegen seine Autorenschaft: (a) Das schwachbrüstige Verb „machen" kommt gleich zweimal vor, Thomas Mann hätte das vermieden; (b) Der logische Zusammenhang zwischen den beiden Sätzen ist unklar: warum sollte etwas, was mir Freude verspricht, auch die übrige Welt erfreuen? (c) „Verheißen" ist bereits gehobene Sprache, wäre deshalb ein Ausdruck wie „Freude bereitet" stilistisch nicht angemessener als „Freude macht"? (d) Die Sätze kommen in seinen gesammelten Werke (soweit ich weiß) nicht vor – es bleibt also nur ein zufälliges Gespräch, das Tagebuch oder ein Zeitungsinterview als Quelle; (e) Der Spruch ist langweilig, ohne Schliff und Pfiff und Ironie; er ist ziemlich geistlos wie eine Eintragung in ein Poesiealbum.

Man vergleiche dieses Goethezitat: „Der vortreffliche Littérateur zeigt sich nicht schon um Neun in seinem netten Kleid und mit gepuderter Lockenperücke auf der Promenade. Er exkoliert sein Talent im stillen Kämmerlein; denn nicht die Mode, sondern der Fleiß ist der Probierstein des Genies." Der große Goethe hätte dies gut und gern dem geduldigen Dr. Riemer in die Feder diktieren können, Vokabular und Diktion stimmen. Aber er hat es nicht getan; denn ich habe mir das „Zitat" selbst ausgedacht.

Kunst

Frage: Ich finde folgendes Zitat sehr schön und wüsste nun gerne, ob es auch wirklich von Thomas Mann ist:

„Die Kunst ist das schönste, strengste, heiterste und frömmste Symbol alles unvernünftig menschlichen Strebens nach dem Guten, nach Wahrheit und nach Vollendung."

Antwort: Das Zitat ist aus Thomas Manns Essay „Anna Karenina" von 1939 (Gesammelte Werke IX, S. 639, s. auch Band 5 der Essay-Ausgabe von Kurzke und Stachorski.) und lautet etwas (verbessert und) erweitert so:

„Die Kunst ist das schönste, strengste, heiterste und frömmste Symbol alles übervernünftig menschlichen Strebens nach dem Guten, nach Wahrheit und nach Vollkommenheit; und der Atem des rollenden Meeres der Epik würde uns nicht die Brust so lebensvoll weiten, wenn er nicht die strenge und erquickende Würze des Geistigen und Göttlichen mit sich führte."

Der Beginn dieses Essays „Anna Karenina" zeigt den Verfasser am holländischen Strand in einem Strandkorb, den er liebevoll-umständlich sein „Sitzgehäuse" nennt. Es gibt für ihn keinen „passenderen Platz", über Tolstois Epos nachzudenken, das er mit dem Meer vor seinen Augen vergleicht: rollende Weite, geistige Würze, beschäftigende Monotonie.

Zitat von ... Horace Mann

Frage: Ich wüsste gern, aus welchem Werk Thomas Manns das folgende Zitat stammt:

„Die Gewohnheit ist ein Seil. Wir weben jeden Tag einen Faden, und schließlich können wir es nicht mehr zerreißen."

Man findet es oft im Internet als Zitat von Thomas Mann, aber nie mit genauer Quellenangabe.

Antwort: Die Sätze „Die Gewohnheit ist ein Seil. Wir weben jeden Tag einen Faden, und schließlich können wir es nicht mehr zerreißen." haben einen lehrhaften und altbacken-metaphorischen Ton, und sie sind denn auch weder von Heinrich, der schärfer formulieren würde, noch von Thomas Mann, der sicher eine elegantere ironische Ausdrucksweise vorgezogen hätte, obwohl es Dutzende von Webseiten im Internet gibt, die einen der Brüder als Urheber nennen. Die Worte sind stattdessen eine gut gelungene Übersetzung eines Zitats des ehemals sehr bekannten amerikanischen Pädagogen Horace Mann, der von 1796 bis 1859 lebte und mit den Lübecker Manns nicht verwandt ist. Das Originalzitat lautet: „Habit is a cable. We weave a thread of it every day, and at last we cannot break it." Man kann es in vielen englischsprachigen Zitatensammlungen finden, sowie auch in Büchern über Management, in Selbsthilfebüchern, Ratgebern, usw.

Phantasie

Frage: Woher stammt „Phantasie haben heißt nicht, sich etwas ausdenken; es heißt, sich aus den Dingen etwas machen."

Antwort: Es stammt aus Thomas Manns „Meerfahrt mit Don Quijote", in *Gesammelte Werke* IX, Seite 430.

Das Zitat geht weiter mit einem Bindestrich: " — und das ist natürlich nicht weltmännisch. Wir sind unwahrscheinlicherweise im Begriffe, die Kolumbusfahrt ins Überwestliche zu erneuern; ..."

Literatur und Schein

Frage: Kommt bei Thomas Mann die Behauptung vor, Literatur sei (nur) Schein?

Antwort: Der Parallelismus von „Schein und Sein" und „Literatur und Wirklichkeit" hat seit Aristoteles viele Varianten durchlaufen. Thomas Manns folgt allerdings eher Goethe, der Mignon in *Wilhelm Meisters Lehrjahre*, Zweiter Teil, singen lässt „So lasst mich scheinen, bis ich werde" und der in *Dichtung und Wahrheit*, Teil 3, 11. Buch, schreibt: „Die höchste Aufgabe einer jeden Kunst ist, durch den Schein die Täuschung einer höheren Wirklichkeit zu geben. ..."

Im *Felix Krull* sind die folgenden beiden einschlägigen Zitate vielleicht die bedeutendsten. Am Ende des vierten Kapitels des dritten Buches verabschiedet sich Louis de Venosta von Felix, der von jetzt an den Marquis spielt, mit den Worten:

„»Bonne nuit, à tantôt, Monsieur le Marquis«, sagte er mit betrunkener Grandezza, als er mir zum Abschied die Hand schüttelte, - ich hörte die Anrede zum ersten Mal aus seinem Munde und der Gedanke an den Ausgleich von Sein und Schein, den das Leben mir gewähren, an den Schein, den es dem Sein gebührend hinzufügen wollte, überrieselte mich mit Freude."

Das zweite diesbezügliche Zitat stammt aus dem Gespräch mit Zouzou über die Liebe. Als Antwort auf Zozous Vers

„Der Mensch, wie schön er sei, wie schmuck und blank,

Ist innen doch Gekrös' nur und Gestank"

sagt Felix, dies tückische Verschen wolle den Glauben zerstören

„an Schönheit, Form, Bild und Traum, an jedwede Erscheinung, die natürlich, wie es im Worte liegt, Schein und Traum ist, aber wo bliebe das Leben und jegliche Freude, ohne die ja kein Leben ist, wenn der Schein nichts mehr gälte und die Sinnenweide der Oberfläche?"

Tschechow als Spiegel

Im Jahr 1954, er war 79 Jahre alt, veröffentlichte Thomas Mann seinen „Versuch über Tschechow" in der Zeitschrift *Sinn und Form*.

(Diese Zeitschrift, herausgegeben von der Berliner Akademie der Künste, existiert immer noch. Sie war eines der Foren, in denen auch andere Mitglieder der Mann-Familie (Erika, Heinrich) mit ihren Texten auftraten.)

Der Tschechow-Artikel war es, aus dem Thomas Mann in einer seiner letzten öffentlichen Lesungen vortrug, am 22. März 1955, im überfüllten Gesellschaftsraum des Hotels Elite in Zürich. (Thomas Sprecher beschreibt den Erfolg, den der „Vortragskünstler" hier noch einmal hatte, in *Thomas Mann in Zürich*, S. 274f.)

Obwohl (oder weil?) Thomas Mann nicht viel über das Leben Tschechows wusste, war dieser Dichter geeignet, für Thomas Manns Gedanken über Kunst und Leben die Folie abzugeben. Thomas Mann verglich sich mit Tschechow, er machte klar, wo sie sich – in Thomas Manns Phantasie-Konstruktion von Tschechow – unterschieden. Beide waren talentierte Erzähler von Geschichten aus dem Leben gewesen. Aber, so fragt Mann, hatten sie je eines der großen Probleme des Lebens gelöst? Oder hatten sie immer nur den Leser hinters Licht geführt, getäuscht, ja betrogen? Alexander M. Frey von der Frankfurter Rundschau berichtet am 30. März 1955 in etwas theatralischer Manier von Thomas Manns Vortrag:

„Es hörte sich im tiefsten amüsant an, dass er (...) Züge Tschechows akzentuierte, die der eigenen dichterischen Substanz wesensverwandt sind; seine fruchtbare Skepsis, sein Talent der Imitation, der Erlauschung komischer und tragikomischer Seiten des Nebenmenschen, seine Neigung zur Spaßmacherei (...) – und bei all dem immer und vornehmlich das nie ruhende Verantwortungsbewusstsein hinsichtlich der Form gleicherweise wie des Inhalts: Genüge ich den Pflichten meiner Mission, die ich auf das bestmögliche zu erfüllen habe?"

Wie erträgt man den Zweifel, den ein Arzt, der Tschechow war, spürt, wenn er zwar kleine Krankheiten versorgen kann? Oder den der Dichter hat, der zwar auch dem Leidenden kleine Freuden bereitet, wenn aber weder der Arzt noch der Dichter ein Rezept für die Heilung und Rettung der Menschen hat?

Thomas Mann überwand diesen Zweifel immer wieder durch seinen Leistungsethos und sein Selbstbewusstsein. Man müsse an die eigene Leistung glauben, sagte er, nur dann wird sie so, dass auch andere an sie glauben können.

Kapitalismus und Dekadenz

Frage: Zu einem mir aufgegebenen Thema „Kapitalismuskritik in Thomas Manns *Buddenbrooks"* habe ich ein Zitat gefunden, in dem Thomas Mann den Kapitalismus als eine Form der Dekadenz bezeichnet. Wie muss man dieses Zitat verstehen?

Antwort: Das Zitat lautet wörtlich: „Der Grundfehler, den der Marxismus und Marx selbst begeht, besteht darin, die Dekadenz als eine Form des Kapitalismus, statt den Kapitalismus als eine Form der Dekadenz zu betrachten." Allerdings ist es nicht von Thomas Mann, sondern aus dem Buch *Karl Marx und sein Verhältnis zu Staat und Wirtschaft* von Hugo Fischer (1897-1975). Fischer war ein deutscher Philosoph und Soziologe, von dem viele „linke" Schriftsteller (e.g., Benjamin) gelernt haben. Das genannte Buch wurde 1932 veröffentlicht. Das Zitat steht auf Seite 31.

Thomas Manns Dekadenz-Verständnis beginnt mit Nietzsche, den er den „unvergleichlich größten und erfahrensten Psychologen der Dekadenz" nennt. Aber dann macht Thomas Mann etwas Eigenes daraus, s. auch Wolfdietrich Raschs Buch: *Die literarische Décadence um 1900* (1991) und Inge Diersens *Untersuchungen zu Thomas Mann* (1959).

Die Wörter Kapital, Betriebskapital, Kapitalzufluss und Kapitalentziehung kommen in den *Buddenbrooks* vor, auch die Börse, Konkurrenz, Zinsen, Gewinn und Wucherprofit sind vertreten. Dagegen sieht man nirgends explizit das Wort Dekadenz. Verfall sowie verfallen sind im Text sehr selten, wie zum Beispiel hier: „... man fand, dass Thomas Buddenbrook verfallen aussah – ja, dies war trotz der nachgerade ein wenig komisch wirkenden Eitelkeit, mit der er sich zurechtstutzte, das einzig richtige Wort für ihn – , während Gerda sich in diesen achtzehn Jahren fast gar nicht verändert hatte."

Buddenbrook als Kapitalismuskritik?

Es scheint gewagt, aus den *Buddenbrooks* eine Kapitalismuskritik herauslesen zu wollen, und mehr noch, eine solche auf „Dekadenz" (ein weitgefasster Begriff um 1900) zu gründen. Aber vielleicht ist nicht alles verloren. Es gibt einen interessanten Artikel von Manfred Dierks: „»Arbeite! – Wenn ich aber nicht kann?« Thomas Manns Buddenbrooks und die kapitalistische Moderne." In: Blätter für deutsche und internationale Politik, Nr. 1, 2008, S. 105 – 111. Auch veröffentlicht in *Thomas-Mann-Studien* Band 39, (hg. Thomas Sprecher) als „*Buddenbrooks* und die kapitalistische Moderne."

Im Mittelpunkt der Diskussion steht hier allerdings nicht die Dekadenz, sondern die Neurasthenie (reizbare Nervenschwäche) als Krankheit des Selbst, die die Erbkrankheit der Buddenbrooks ist. Das Zitat „Arbeite! - Wenn ich aber nicht kann?" ist Christian Buddenbrooks Antwort auf den Vorwurf seines Bruders Thomas, Christian solle endlich aufhören, seine „Zustände zu hegen und zu pflegen und darüber zu reden", und stattdessen arbeiten wie er, Thomas, es sein ganzes Leben lang getan hat.

Krötenküsser, Kammerer und Kuckuck

Frage: Kommt der Biologe Paul Kammerer (1880-1926), der „Krötenküsser" genannt wurde, bei Thomas Mann vor?

Antwort: Paul Kammerers Hauptwerk *Allgemeine Biologie* wird in Thomas Manns Notizen oft als Quelle erwähnt und exzerpiert. Hans Wysling hat diese Stellen im Bd. 5 der *Thomas Mann Studien* angeführt. In *Allgemeine Biologie* findet sich z.B. auf S. 90f die Seelilie, die sich vom Stängel löst und als „Neuling der Bewegung" auf

Reisen geht, so wie Felix Krull auf seine Bildungsreise um die Welt (siehe *Felix Krull*, Buch 3, Kapitel 5).

Vorläufer Kammerers war Ernst Häckel, bei dem der Begriff der Urzeugung auftritt, der außer im *Felix Krull* auch im *Zauberberg* vorkommt. Für die Joseph-Romane hatte Thomas Mann das Buch *Urwelt, Sage und Menschheit* des spekulativen Paläozoologen Edgar Dacqué gelesen, der möglicherweise als Dr. Egon Unruh im *Doktor Faustus*, Kap. XXXIV, wieder auftaucht. Man könnte sagen, dass Häckel, Kammerer, und Dacqué zusammen den Professor Kuckuck bilden, der in Wyslings Wort damit ein „vexatorisches Gelehrtenkonglomerat" ist.

Die Urzeugung hat auch Eingang in einen der letzten Essays Thomas Manns gefunden, in „Lob der Vergänglichkeit." Dort heißt es: „Die Erhebung des Menschen aus dem Tierischen, von dem ihm viel geblieben ist, hat den Rang und die Bedeutung einer Urzeugung, – es war die dritte nach der Hervorrufung des kosmischen Seins aus dem Nichts und nach der Erweckung des Lebens aus dem anorganischen Sein."

Sterben. Leben, Gegenwärtigkeit

Frage: Für ein auf Norwegisch geschriebenes Zitat von Thomas Mann suche ich das Original. Woher kommt der Satz

„Livets vesen er samtidighet."

Antwort: Das Original „Das Wesen des Lebens ist Gegenwart" stammt aus dem Vorspiel „Höllenfahrt" im ersten Band von *Joseph und seine Brüder*. Man findet es gegen Ende des letzten Abschnitts 10 in der „Höllenfahrt". In der Zitierweise der 13-bändigen Frankfurter Ausgabe steht es in Bd. IV, S. 53f. Es lautet mit ein bisschen mehr Zusammenhang:

„Sterben, das heißt freilich die Zeit verlieren und aus ihr fahren, aber es heißt dafür Ewigkeit gewinnen und Allgegenwart, also erst recht das Leben. Denn das Wesen des Lebens ist Gegenwart, und nur mythischer Weise stellt sein Geheimnis sich in den Zeitformen der Vergangenheit und der Zukunft dar. Dies ist gleichsam des Lebens volkstümliche Art, sich zu offenbaren, während das Geheimnis den Eingeweihten gehört."

Ein Zusammenhang dieser Stelle mit Schopenhauers Metaphysik wird aufgezeigt bei Manfred Dierks' *Studien zu Mythos und Psychologie bei Thomas Mann*; s. *Thomas Mann Studien* II (1972), dort S. 91.

Bild und Wortmalerei

„Ein Bild sagt mehr als tausend Worte" ist der Glaubensspruch von Illustratoren, Karikaturisten, und Benutzern von Powerpoint. Für Thomas-Mann-Texte gilt umgekehrt oft eher „Einhundert Worte sagen mehr als eine Million Pixel." Als Beweis möge man sich etwa die Statue oder das Relief von Echnaton (bei Google Bilder) ansehen und im Vergleich dazu Thomas Manns Wortmalerei (von 107 Wörtern) lesen:

„Bei der Beschreibung seines Gesichts unter der runden blauen Perücke mit Königsschlange, die er heute über der Leinenkappe trug, dürfen die Jahrtausende uns nicht von dem zutreffenden Gleichnis abschrecken, dass es aussah wie das eines jungen, vornehmen Engländers von etwas ausgeblühtem Geschlecht: langgezogen, hochmütig und müde, mit nach unten ausgebildetem, also keineswegs mangelndem und dennoch schwachem Kinn, einer Nase, deren schmaler, etwas eingedrückter Sattel die breiten, witternden Nüstern desto auffallender machte, und tief träumerisch verhängten Augen, von denen er die Lider nie ganz aufzuheben vermochte, und deren Mattigkeit in bestürzendem Gegensatz stand zu der nicht etwa aufgeschminkten, sondern von Natur krankhaft blühenden Röte der sehr vollen Lippen."

Was ist ausdrucksvoller, was ist unvergesslicher? Ich glaube, man wird Worte „wie das eines jungen, vornehmen Engländers von etwas ausgeblühtem Geschlecht" nicht leicht wieder los.

Weitere, ähnlich typisch-naturalistische Wort-Porträts von „Hauptpersonen" aus dem Joseph-Roman sind in Hermann Kurzkes Buch *Mondwanderungen* aufgeführt: Mont-kaw, Potiphar, Asnath, Beknechons, Mai-Sachme, Teje, Ptach, Chapi.

Ton und Stil

In seinem Nabokov-Buch *The Magician's Doubt* skizziert Michael Wood den Unterschied zwischen „signature" und „style", also zwischen den typischen, unverkennbaren Merkmalen eines Textes einerseits, seinen Markenzeichen, die zuverlässig den „Ton" des Autor wiedergeben; und dem Stil andererseits, d.i. der Art und Weise, wie ein Text wirkt aufgrund seiner einmalig gelungenen Syntax, seiner überraschenden Wortwahl, Phrasierung und Bilder, wobei der Autor mit seinen Handwerkzeugen eher zurücktritt.

Zum Ton gehören Manierismen wie leitmotivische Wiederholungen (bei Thomas Mann z.B. das „Zittern ihres Kopfes" der Weimarer Lotte und viele andere Motive), kitschige und sentimentale Sätze (zu finden in „Ein Glück", in Teilen von „Königliche Hoheit" und „Fiorenz"), wie auch idyllische, komische, altertümelnde Schreib-Vergnügungen (s. den Anfang von „Herr und Hund", viele Seiten im *Felix Krull*, dazu Zeitbloms kokettes „ich bitte wieder ansetzen zu dürfen").

Stil ist schwieriger zu definieren. Da wird mehr gesagt als explizit ausgedrückt werden kann, mehr getarnt oder verschwiegen, ohne dass der Leser deswegen ärmer wäre. Man empfindet eine seltene Einheit von Sprache und Gemeintem, eine Stimmigkeit, die befriedigt und manchmal bestürzt. Der Stil kann dabei ganz bescheiden sein, der typische Ton dagegen ist oft ein blendendes Feuerwerk; keiner von beiden ist notwendigerweise besser. Ton ist imitierbar, Stil nicht.

Beispiele von Ton vs. Stil: Der erste Abschnitt des 2. Kapitels des „Tod in Venedig" ist purer Thomas Mann im Originalton: „Der Autor der klaren und mächtigen Prosa-Epopöe vom Leben Friedrichs von Preußen ...", während der zweitletzte Abschnitt des letzten Kapitels Thomas Manns Stil zelebriert: „Am Rande der Flut verweilte er sich, gesenkten Hauptes, mit einer Fußspitze Figuren in den Sand zeichnend, und ging dann in die seichte Vorsee ... "

Stil und Inkongruenz

Ein kenntnisreicher befreundeter Philologe hat auf die obenstehende Unterscheidung von typischem „Ton" einerseits (den immer wieder auftretenden sprachlichen Markenzeichen, Manierismen, Routine-Tricks, usw.) und dem tieferliegenden, stilleren „Stil" eines Autors andererseits, geantwortet, dass eben beides zusammen, Ton und Stil, die sprachliche Qualität eines Autors beschreibe und eine Unterscheidung nutzlos (und unmöglich) sei und deshalb auch von den im älteren *Thomas Mann Handbuch* (2001, 2005) genannten Literaturwissenschaftlern nicht gemacht werde.

Dagegen ließe sich einwenden, dass zum Beispiel Walter Jens in seinem Sprach-Profil Thomas Manns als ein tieferliegendes Stilmittel (Jens spricht von poetologischem Prinzip) die „Inkongruenz", die Unangemessenheit von *res* und *verbum*, heraushebt, die zu einer gewollten, oft komischen Verfremdung beim Leser führt, zum Beispiel, wenn Felix Krull so gelehrt wie Professor Kuckuck spricht, oder der Großherzog in *Königliche Hoheit* sich über amniotische Fäden ergeht. Der größere theoretische Rahmen hier sei die aristotelische Doktrin des *aptum* oder *prepon*, die Thomas Mann „auf den Kopf" stelle. (Siehe Walter Jens: *Von deutscher Rede*, 1969.)

Michael Wood geht dagegen allgemeiner von den vier Kriterien aus, mit denen nach dem Vorbild des Hieronymus heilige Texte „autorisiert", nämlich einem bestimmten Autor zugeschrieben werden können: 1. Qualitätsstandard, 2. Stimmigkeit (mit dem, was wir von diesem Autor erwarten), 3. sprachliche Einheit, 4. historische Glaubwürdigkeit. Nach Foucault sehen wir auch heute noch einen Autor als ein Konstrukt aus diesen vier Komponenten.

Auch das neue *Thomas Mann Handbuch* (2015) hält es nicht für nötig, unter der neu eingeführten Rubrik „Konzeptionen" Thomas Manns Stil oder gar den Unterschied von Stil und Ton zu diskutieren. Stattdessen findet man sogar unter Kennern nur immer wieder Lobesworte wie „stilsicher", „hoher Stilwille" und eine Gleichsetzung von Stil und Ironie. Dagegen stehen die bekannte Stichelei Gadamers betreffend Thomas Manns „Ziselierkunst", Rühmkorfs polemische Gleichsetzung des Mann'schen Stils mit gestelzten Manierlichkeiten und Nossacks Verriss: „Sein Stil ist (…) nicht der Ausdruck einer Persönlichkeit, sondern eine großartig gekonnte Pose, durch die der völlige Mangel an Originalität verborgen wird." Eine Untersuchung des (noch zu definierenden) Stils Thomas Manns wird, glaube ich, ergeben, dass 95% des Lesevergnügens seiner Bücher bereits auf seinen Ton, also die Ironie, den kleinen und großen Humor, auf die höhere Heiterkeit u.s.w. zurückgeführt werden kann. Diese 95% machen zwar Spaß (auch mir), aber sie ergreifen, beschäftigen oder inspirieren darüber hinaus niemanden (auch mich nicht). Es kommt also darauf an, die restlichen kostbaren 5% an Lesevergnügen zu finden, in denen der Spaß uns auch ergreift, beschäftigt, inspiriert und der Ton zum Stil wird.

Sein und Seele

Frage: Wo bei Thomas Mann steht der Satz „Der Name ist ein Stück des Seins und der Seele"?

Antwort: Das Zitat stammt aus der Erzählung „Die vertauschten Köpfe" und lautet wie folgt:

„Wisse, Nanda, es war eine wahre Wohltat für mich, daß du mir den Namen nennen konntest, derer, die wir belauschten, Sita, des Sumantra Tochter; denn so hatte und wußte ich doch etwas von dem, was mehr ist als ihr Bild, da ja der Name ein Stück des Seins und der Seele ist."

Zu finden etwa in der Mitte des 3. Kapitels der ziemlich langen Erzählung.

Weihnachtsgedicht

Frage: Wo hat Thomas Mann sein Weihnachtsgedicht veröffentlicht?

Antwort: Das Gedicht „Weihnacht" entstand im Dezember 1898 und erschien im Simplicissimus 4, Nr. 39, vom 24.12.1899. In seinem „Lebensabriß" von 1930 schreibt Thomas Mann über das „außerordentliche Witzblatt" Simplicissimus: „Mehrere meiner kurzen Novellen, »Der Weg zum Friedhof« etwa, auch solche, die ich nicht in meine Gesammelten Schriften aufgenommen habe, erschienen dort zuerst, sogar ein Weihnachtsgedicht."

O festlich Sternenzelt!
Du breitest dich ob meiner Einsamkeit
Und schirmest weithin die gesühnte Welt.
Sanft glitzerndes Gefild!
Dein Friedenszauber füllt mein ganzes Herz,
Daß es von Rührung und Beschämung schwillt:

O weiße Weihenacht!
In mildem Leuchten liegt ein heilig Kind,
Des Lächeln alles Leid zur Glorie macht!

Sandra Kerschbaumer hat eine Interpretation dieses Gedichts versucht, s. *Frankfurter Anthologie*. 34. Band. Gedichte und Interpretationen, hg. Marcel Reich-Ranicki (2011) S. 85-89.

Bekannter ist die Beschreibung von Weihnachten bei den Buddenbrooks aus Kapitel 8 im Achten Teil des Romans. Obwohl zur gleichen Zeit wie das obige Gedicht geschrieben, herrscht hier kein kitschig-sentimentaler Ton:

„Die Konsulin sprach mit herzlichem Ausdruck das hergebrachte Tischgebet:

»Komme, Herr Jesus, sei unser Gast
Und segne, was Du uns bescheret hast.«

Woran sie, wie an diesem Abend ebenfalls üblich, eine kleine, mahnende Ansprache schloß, die hauptsächlich aufforderte, Aller Derer zu gedenken, die es an diesem heiligen Abend nicht so gut hätten wie die Familie Buddenbrook ... Und als dies erledigt war, setzte man sich mit gutem Gewissen zu einer nachhaltigen Mahlzeit nieder, die alsbald mit Karpfen in aufgelöster Butter und mit altem Rheinwein ihren Anfang nahm."

(*Große Kommentierte Frankfurter Ausgabe*, S. Fischer, 2. Auflage, 2002, Seite 597.)

Okkultes

Frage: Im Jahr 1924 hat Thomas Mann seinen merkwürdigen Aufsatz „Okkulte Erlebnisse" veröffentlicht, siehe zum Beispiel in *Über mich selbst – Biographische Schriften*. Er hat diesen Aufsatz mehrfach in Sammlungen wieder abgedruckt und dann auch in die Gesamtausgaben (Stockholm, dann Frankfurt) aufgenommen. Die Erlebnisse müssen ihm also wichtig gewesen sein. Gehen diese okkulten Erfahrungen irgendwo auch in sein Werk ein, oder spielen sie nur persönlich eine Rolle?

Antwort: Wenn man großzügig ist und das Okkulte, Gespenstergeschichten, Spiritismus (und vielleicht sogar Mystik und Fieberträume?) in einen Topf wirft, dann gehören zum Beispiel die Erzählung „Der Kleiderschrank" sowie „Mario und der Zauberer" und Kapitel XXV des *Doktor Faustus* (Teufelsgespräch) in diesen Topf. Dass der „läppische Okkultismus mit seinem Tischerücken" im Werk (und im Leben) Thomas Manns eine große Bedeutung hatte, wird vielleicht am besten im Kapitel „Fragwürdigstes" des *Zauberberg* offenbar – siehe dazu Hermann Kurzkes *Thomas Mann – Das Leben als Kunstwerk*, auf den Seiten 336-343. Die gründlichste und verständnisvollste Behandlung dieses Themas im *Zauberberg* findet man in Hermann Weigands Buch *Thomas Mann's Novel ,Der Zauberberg'* von 1933, Kapitel VII: Mysticism. (Dies ist immer noch eines der besten Bücher zum *Zauberberg*.)

Lebenszittern

Frage: Als Quelle für die Wortschöpfung „Lebenszittern" wird oft Thomas Mann genannt, unter anderem in den Tagebüchern von F.J. Raddatz. Wo benutzte Thomas Mann dieses Wort?

Antwort: Raddatz benutzte das Wort „Lebenszittern" nicht nur in seinen Tagebüchern, sondern auch immer wieder als emphatisch gemeintes, aber generisches Ornament in Rezensionen zu Max Frisch, Ingeborg Bachmann, Bertolt Brecht, Rolf Hochhuth, Christa Wolf und anderen.

Er nennt zwar Thomas Mann als den Schöpfer dieses „schönen Wortes", gibt aber nie eine Quelle an. Es ist zwar möglich, dass Thomas Mann das Wort benutzt hat, aber das ist eher unwahrscheinlich. Es kommt in seinen Werken nicht vor; aber vielleicht in seinen Tagebüchern? Erfunden hat Thomas Mann das Wort jedenfalls nicht. Man findet es zum Beispiel in: „Neue Zeitschrift für Musik", 20. Band, Nr. 23, vom 18. März 1844. Diese noch heute bestehende Zeitschrift wurde 1834 von Robert Schumann und anderen gegründet.

In einer etwas exzentrischen Rezension von „44 Mutter-, Kose-, und Spiellieder zur edlen Pflege des Kindheitslebens, zweistimmig in Musik gesetzt" heißt es dort auf S. 89 u.a.:

„Was scheinbar ferne, liegt sich nah, vereint in einer Kraft, in einem Elemente, das nur nach ewigem Naturgesetz polar, getrennt sich äußert. – Dem hat noch nicht der Töne tiefstes Leben sich enthüllt, der dies Gesetz in ihnen nicht erspäht und der in ihren Schwingungen nicht Sympathien fand, sei's mit dem Pulsschlag der Krystallisation der Steine, sei's mit dem Lebenszittern in dem Pflanzenreich, sei's mit dem Beben seines eigenen Herzens, dem nicht zu groß das All, dass es in ihm sich wiederspiegeln könnte!"

Heinrich, nicht Thomas

Frage: Ich suche die Quelle für folgendes Zitat von Thomas Mann:

„Der Widerstand muss vieles überwinden, nicht aber sich selbst."

Antwort: Das Zitat lautet ein wenig anders, und es ist nicht von Thomas Mann, sondern aus dem Aufsatz „Kampf gegen den inneren Feind" (1945) seines Bruders Heinrich:

„Wer widerstand, musste vieles überwinden, nicht aber sich selbst."

Hier ist es im Zusammenhang:

„Die deutsche Widerstandsbewegung hat es schwerer gehabt als jede andere. In den besetzten Ländern war das Ziel die Befreiung vom äußeren Feind. Darauf einigte sich nahezu die Gesamtheit. Eine innere Gewalt, die nur dem äußeren Feind ihr Dasein verdankt, war offenkundig verräterisch. Wer widerstand, musste vieles überwinden, nicht aber sich selbst. Er handelte zweifellos richtig. Er konnte elend leben und tief leiden, er vergoss das Blut seiner Landsleute. Aber er rettete das Land, das gerettet werden wollte. Deutsche, die widerstanden, hatten so viel Grund wie andere, sogar mehr als sie. Zerrüttet war auch ihr Land, in Gefahr unterzugehen ist es während aller zwölf Jahre gewesen: Der Krieg war nur der offene Ausbruch der Gefahr. Ja, aber niemand hielt es besetzt, kein Fremder, nur eine innere Gewalt. Kämpfer gegen die überwältigende Herrschaft im Lande hat sich selbst geschaffen, war nur sich allein verantwortlich, keine Mehrheit half ihm oder kannte ihn, er musste sich vor ihr hüten. Wurde er entlarvt und getötet, um so schlimmer für ihn. Beklagt wurde er wenig, auch dies lange Zeit nur heimlich. Aber das haben die Mutigen vorausgewusst. Ihre Sendung: das Gewissen des Landes zu sein. Ihr Geschick: gebrandmarkt zu sterben."

Aus der Anthologie *Literatur und Widerstand: Anthologie europäischer Poesie und Prosa* (1945).

Wissenschaftliche Arbeiten, die zu schreiben wären

Die unten aufgelisteten 11 Themenvorschläge entstanden in einer launigen 11. Stunde zu Beginn der offiziellen Faschingszeit am 11.11. 2011 unter befreundeten Thomas-Mann-Lesern. Sie können leicht zu wissenschaftlichen Arbeiten (Magister, Dr. phil.) ausgebaut werden.

(1) „Joseph sah ihn an." Die Rolle des kurzen Satzes für Rhythmus und Melodie im Spätwerk Thomas Manns. Siehe auch die Beispiele unter „Der kurze Satz" in Kapitel 5, oben.

(2) Diskrete Wissenschaft und zärtliche Ironie: Verborgene Werkzeuge zur Bildung des Autodidakten Thomas Mann. Als Ausgangspunkt: Arthur Koestlers Fragment in *Was halten Sie von Thomas Mann?* (1986), hg. Marcel Reich-Ranicki, Seite 45.

(3) „Harmonische Kontrapunktik" und „Musik als System der Zweideutigkeit"- Gedanken zur Kultur- und Musiktheorie im Kapitel XXVIII des *Doktor Faustus*.

(4) „Des Todes sterben" – Warum überleben so wenige der Protagonisten in den frühen Erzählungen Thomas Manns?

(5) Thomas Manns Kochrezepte: Von der Specksuppe bei den Buddenbrooks zur Schleimsuppe im Hochstapler-Roman. Vgl dazu auch Dominica Triendl: *Mahlzeiten in Thomas Manns Romanen. Eine Studie zu 'Buddenbrooks', 'Der Zauberberg' und 'Bekenntnisse des Hochstaplers Felix Krull'*. Marburg: Tectum 2016.

(6) „Der große Mann ist ein öffentliches Unglück." Ironie und Größe in den *Betrachtungen eines Unpolitischen* und im Roman *Lotte in Weimar*.

(7) Thomas Manns Humanismus-Ideal in der Sammlung *Adel des Geistes* vor dem Hintergrund der Bombardierung Lübecks.

(8) „Da is wat am Kommen" – Das Zusammenspiel von Humor, Peinlichkeit und ästhetischer Höhe in der Novelle „Die Betrogene".

(9) Sehnsucht & Keuschheit versus Durchhalten & Fertigmachen – Skizzen zu einer psychopathologischen Deutung der künstlerischen Schaffenskraft Thomas Manns.

(10) Robert Musils Zögling Törleß, Salingers Holden Caulfield und Thomas Manns Tonio Kröger als Urformen der Lebensangst skeptischer Teenager mit künstlerischen Ambitionen.

(11) Anakoluth and Ellipsis in der Rede Mynherr Peeperkorns in *Der Zauberberg* - mit Bezügen zum Werk Gerhard Hauptmanns.

7
Erben

Zur Orientierung: Walter Jens schrieb 1975 in der FAZ über Thomas Mann: „Dieser Schriftsteller ist ohne Erben geblieben." Es mag sein, dass Jens' Begründung damals vielen einleuchtete: „Weil er der große Meister der Synopsen und Synthesen war." Eine einfachere Erklärung ist: Weil er zur Zeit seines 100. Geburtstags unpopulär und „sein Ansehen (...) auf einem Tiefpunkt" (Kurzke) angelangt war. Inzwischen sind mehr als 40 Jahre vergangen. Thomas Manns Tagebücher haben eine neue Phase der Beschäftigung mit ihm eingeleitet, und wenn man genau hinsieht, gibt es nun doch literarische „Erben" – nicht direkte Nachfolger oder Schüler, sondern neue Leser, die auf ihre persönliche Art, in ihren eigenen Werken, verarbeiten, was sie von Thomas Mann gelernt haben.

Anreger und Nachfolger?

Frage: Wer waren Thomas Manns Anreger? Und wen würde man heute seine Nachfolger und literarischen Erben nennen?

Antwort: Thomas Mann hat sich Ideen bei anderen ausgeborgt (Schopenhauer, Nietzsche) und seine Wissenslücken durch „höheres Abschreiben" gefüllt (Adorno, Bertram). Er hat einige große deutsche Erzähler geschätzt (Storm, Fontane). Manchmal wurde er von außen angeregt (Besuch in Davos, Bruder Heinrich, die Bibel, Goethe). Er hat sich im Laufe seines Lebens auf Dichter eingelassen, um (auch) über sich selbst zu schreiben (Tschechow, Tolstoi, Schiller). Hier und da hat er auch imitiert (Goethe).

Friedhelm Marx hat in seiner Antrittsvorlesung im Dezember 2004 (und in den *Thomas-Mann-Studien* Band 37 „Vom Nachruhm") schon auf Gemeinsamkeiten von Wolfgang Hilbigs Roman *Ich* (1993) mit der Erzählung „Beim Propheten" hingewiesen und in Robert Menasses Roman *Selige Zeiten, brüchige Welt* (1991) deutliche Parallelen zum *Doktor Faustus* festgestellt.

Hier ist eine kurzgefasste Liste von jüngeren literarischen Erben.

1. Da ist zuerst **Uwe Tellkamps** *Der Turm*, in dem auf beinahe tausend Seiten von den gutbürgerlichen Familien Rohde und Hoff-

mann (und anderen) erzählt wird, die im Turmstraßenviertels von Dresden wohnen, von 1982 bis 1989, der Endzeit der DDR. Die Länge des Romans, die Sprachkunst (obwohl eine ganz andere, gebrochene, variablere als bei Thomas Mann), sowie das endzeitliche Panorama erinnern manchen Leser und Rezensenten an *Buddenbrooks*.

2. Achtzig Jahre früher, 1904, begegnen wir in Danzig dem aus dem *Zauberberg* bekannten Studenten des Schiffbaus, dem bescheidenen Helden des Buches *Castorp* von **Pawel Huelle**. Von Clawdia Chauchat ist natürlich noch keine Spur. Hans verliebt sich in ein polnisches Mädchen, Wanda Pielecka.

3. Die beiden Bestseller, *Korrekturen* und *Freiheit* von **Jonathan Franzen** sind mit den *Buddenbrooks* verglichen worden. Franzen hat das gerne gehört und in einem Interview gesagt: „Als ich sehr jung war, habe ich Thomas Mann erst einmal abgelehnt. Manches an ihm hat mich zu stark an mich selber erinnert (lacht). Heute wächst meine Anerkennung für ihn ständig." In seinem Erinnerungsbuch *The Discomfort Zone*, dessen Titel sehr unglücklich mit *Die Unruhezone* übersetzt worden ist (*Un-Behagen* wäre besser gewesen), rhapsodiert Franzen allerdings sehr oberflächlich über Castorp, und er schießt einen phantastischen Bock, wenn er ernsthaft meint, der Romantitel *Zauberberg* habe seinen geheimen Ursprung in Clawdia Chauchats *mons veneris*.

4. **Philip Roth**, von den hier genannten Autoren wohl derjenige, der Thomas Mann an Ruf und Bedeutung am wenigsten nachsteht, erwähnt in seinem Roman *Der menschliche Makel* mehrfach die Novelle „Der Tod in Venedig" und macht in *Die Anatomiestunde* die Antithese zwischen dem „gottverdammten Geschäft" der Literatur und dem wahren Leben „im Rohzustand" zum Thema. Er ist auch in noch subtilerer Weise Thomas Mann verbunden, nicht in Diktion und Stil (Roth liebt starke Verben und ist explizit mit dem Thema Sex), wohl aber in der psychologischen Doppelbödigkeit.

5. **Richard Powers**, dessen Bücher *Schattenflucht*, *Galatea 2.2*, *Der Klang der Zeit*, und *Das Echo der Erinnerung* auch in Deutschland Erfolg hatten, schreibt, wie Roth, ganz anders als Thomas Mann. Was ihn mit Thomas Mann verbindet, ist eher das Ansammeln von Fakten, Theorien und Phantasien, die sich um ein aktuelles Thema ranken – aus der Musik, der natürlichen Intelligenz, oder dem DNA des Glücks. Ein riesiger Schatz an Rohmaterial wird so zusammengetragen, ganz so wie Thomas Mann seine Notizbücher mit Bruchstücken, Exzerpten, und Skizzen füllte, die er dann wieder in ein geschlossenes Ganzes zusammen komponierte und „beseelte". Der große John Updike war es, der im *New Yorker* geschrieben hat: „Richard Powers' Erfindungsreichtum und enzyklopädisches Wissen erinnern an den späten Thomas Mann und den frühen Thomas Pynchon ... Absolut brillant."

6. Auch **Walter Kempowskis** Roman *Hundstage* erinnert immer wieder an den *Zauberberg*. Kempowski hat 2005 den Thomas-Mann-Preis erhalten, mit der Begründung, er sei „ein detailbesessener Beobachter und gewissenhafter Zeitschriftsteller in der Tradition Thomas Manns".

7. Leider weniger bekannt ist **Thorsten Becker** mit seinen beiden Romanen *Fritz* (i.e. Friedrich der Große, über den Thomas Mann ein Buch schreiben wollte, was er dann aber Gustav Aschenbach überließ) und *Der Untertan steigt auf den Zauberberg*. Man kann erraten, dass hier beide Brüder, Thomas und Heinrich, eine Rolle spielen. Becker imitiert einen Briefwechsel zwischen ihnen ganz gekonnt. Siehe die Rezensionen beim Perlentaucher.

8. **Andrej Dmitriew**: „Die Flußbiegung". Eine Erzählung aus dem Russischen, übersetzt von Tatiana Frickhinger-Garanin. Sabine Döring überschreibt ihre Rezension in buecher.de mit „Rast auf dem Zauberberg".

9. Der Anfang von „Der Tod in Venedig" wird adaptiert (parodiert?) in **Geoff Dyers** Roman *Jeff in Venice. Death in Varanasi* (2009), ins Deutsche übersetzt unter dem Titel *Sex in Venedig, Tod in*

Varanesi (2016). Allerdings ist jener Jeff des Titels kein Aschenbach, sondern ein freiberuflicher desillusionierter Journalist. Und statt eines von ferne bewunderten Tadzio gibt es hier die attraktive Laura, die Jeff von sehr nahe kennenlernt. Der zweite Teil führt einen Journalisten (ist es wieder Jeff?) in die indische Stadt Varanasi. - Dies ist ein ganz eigentümliches, viel gelobtes aber nicht einfaches, doppelbödiges Buch.

10. Als weiterer Erbe sei **Michael Cunningham** erwähnt, den Leser (und Filmbesucher) vor allem von seinem populären Buch *Die Stunden* kennen. In einem Interview im *Paris Review* verrät er, dass Thomas Manns Novelle „Der Tod in Venedig" die Keimzelle seines neuesten Buch *In die Nacht hinein* war. Ein gebildeter Mann, Peter Harris, ein moderner Aschenbach, wird überrascht und erschüttert von der jugendlichen Schönheit seines jungen Schwagers Mizzy (der Tadzio seines Buches). Cunningham hat die Einleitung zu einer Neuausgabe von „Death in Venice" geschrieben. Diese Ausgabe benutzt die hervorragende englische Übersetzung von Michael Henry Heim. Es ist ein seltenes Lesevergnügen, Heims Übersetzung mit der weiter verbreiteten von David Luke zu vergleichen und dabei auch noch das Original neben sich zu haben.

11. Außen den Erben, die sich zum Nachahmen haben inspirieren lassen, und denen, die angeregt wurden, ein Thema Thomas Manns zu imitieren oder zu parodieren, und außer denen, die wie Peter Handke und Hans Erich Nossack Thomas Manns Schreibe ganz einfach nicht ausstehen können, gibt es zeitgenössische Schriftsteller, die weder Nachfolger noch Gegner sein wollen. Dazu gehört **Daniel Kehlmann**. Er hat sich immer wieder auf Thomas Mann bezogen, mit einer Mischung aus Respekt, Unbehagen und Begeisterung. Roland Spahr hat mich auf die Dankesrede hingewiesen, die Kehlmann im Oktober 2008 anlässlich der Verleihung des Thomas-Mann-Preises gehalten hat. Dort heißt es zum Beispiel:

„Wie Aschenbach vor seiner schicksalhaften Begegnung mit dem geisterhaften Herrn im Münchner Park, so gibt sich auch der Romancier Thomas Mann als einer, der mit der wilden Seite des Lebens nichts zu tun haben will. In Wahrheit aber ist genau diese sein Thema, und von immer neuen Blickwinkeln aus setzt er in Szene, wie die Ordnungen scheitern und das Verdrängen versagt - darin eben liegt sein großes Täuschungsmanöver und der Grund, dass seine immer wieder verblüffende Gefühlsintensität nicht zu haben ist ohne den Habitus des kühlen Gelehrten, der am Schreibtisch Krawatte trug und dessen Anblick, sei es auf Fotos, sei es an der kalt schimmernden Oberfläche seiner Prosa, uns befremdet und verstört."

Die Rede Kehlmanns kann man unter dem Titel „Dionysos und der Buchhalter" in seinem Buch *Lob. Über Literatur* (2011) oder im Archiv der FAZ wiederfinden.

Notiz über den Autor

Drei Erfahrungen hat Wulf Rehder mit Thomas Mann gemein: er hat lange in den USA gelebt, er vermisste die deutsche Sprache und er ist wieder zurückgekehrt. Da enden aber die Gemeinsamkeiten. Wulf Rehder hat mathematische Forschung betrieben, während Thomas Mann in der Mathematik einen phantastischen Hokuspokus sah. Nach der Wissenschaft folgten Jahre im Management bei Firmen im kalifornischen Silicon Valley und in Pisa, Italien. Neben verstreuter literarischer Tätigkeit musste er unbedingt auch ein Unternehmen in eigener Regie versuchen, bevor die Nostalgie ihn endgültig dazu zwang, die Zelte in Amerika abzubrechen und in Deutschland wieder neu aufzuschlagen.

Weitere Bücher von Wulf Rehder: *Hallo Herr Goethe: Phantastische E-mails seit Adam und Eva* (2015), *Neue Märchen der Geschwister Grimm: Für große und kleine Leute* (2016), *Der deutsche Professor: Handbuch für Studierende, Lehrer, Professoren und solche, die es werden wollen* (3. Auflage 2017).

Für Fehlermeldungen, Kritik und Anregungen bitte Kontakt aufnehmen über wulfrehder@gmail.com.